青春辉映
理想之光

以"五史"教育为抓手
构建高中青年师生思政共育互促机制的
校本实践

方秀红　杨靖华　著

华东师范大学出版社
·上海·

图书在版编目(CIP)数据

青春辉映理想之光:以"五史"教育为抓手构建高
中青年师生思政共育互促机制的校本实践/方秀红,杨
靖华著. —上海:华东师范大学出版社,2025.
ISBN 978 - 7 - 5760 - 6156 - 7

Ⅰ. G635. 1;G633. 202
中国国家版本馆 CIP 数据核字第 2025R7A626 号

青春辉映理想之光

——以"五史"教育为抓手构建高中青年师生思政共育互促机制的校本实践

著　　者　方秀红　杨靖华
责任编辑　王丹丹
特约审读　王莲华
责任校对　杨月莹　时东明
装帧设计　卢晓红

出版发行　华东师范大学出版社
社　　址　上海市中山北路 3663 号　邮编 200062
网　　址　www. ecnupress. com. cn
电　　话　021 - 60821666　行政传真 021 - 62572105
客服电话　021 - 62865537　门市(邮购)电话 021 - 62869887
地　　址　上海市中山北路 3663 号华东师范大学校内先锋路口
网　　店　http://hdsdcbs. tmall. com

印 刷 者　上海展强印刷有限公司
开　　本　787 毫米×1092 毫米　1/16
印　　张　10
字　　数　181 千字
版　　次　2025 年 6 月第 1 版
印　　次　2025 年 6 月第 1 次
书　　号　ISBN 978 - 7 - 5760 - 6156 - 7
定　　价　38. 00 元

出 版 人　王 焰

序　言

　　市西中学是一所百年老校,有深厚的文化传统,"海纳百川、兼容并包、好学力行、敢为人先、追求卓越"是学校的文化特质,也是学校深厚的办学基础。长期以来,学校始终注重师生道德教育,注重学生思维培育,引导学生知行合一、学以致用。

　　有生命力的学校,都有共同的特征,即始终能在各种不确定的外部环境和各类挑战中,以勇者无惧的品质,坚定信念,保持定力,拥有不断向前的动力,深耕不停步。多年来市西中学作为课程教学改革任务的先行者,一路走来,不断地创新突破。早在2012年,学校就在市中心寸土寸金的校园内,前瞻性地规划并建设智慧校园,打造"思维广场""漫思实验室""创新实验室"等开放式的新型学习空间,以创新实践体现对课程改革的深刻洞见,并取得一系列丰硕的办学成效。随着课程改革的深化,尤其是在回应如何推进普通高中育人方式改革的命题上,学校始终在不懈努力。

　　本书是学校持续深耕队伍建设的研究成果,其所基于的课题为如何发挥中小学校党组织领导的体制机制、把党建工作作为办学治校的重要内容、加强教师队伍建设等方面提供了很好的基层经验,有具体的操作方法,也有深度的理性思考。课题由学校党委书记方秀红老师领衔,以"五史"教育为抓手,聚合全校力量,创新工作机制,整合学习资源,形成了本校的学习实践范本。这是在市西中学多年的课程改革成果基础上的又一重要实践成果。课题对基础教育的中小学如何落实党组织领导的校长负责制、如何设计和开展学校思政教育以及如何建设高素质的教师队伍等问题,作了深入的研究和有价值的探索,形成了本校方案,提供了本校经验。

第一,党建工作与学校业务深度融合。高质量队伍建设是学校高质量办学的基础,更是检验学校党建工作的重要标志。由党委书记牵头承担队伍建设的课题研究,不仅统筹整合资源,同步落实部署,重点推进实施,而且提出了党建工作的校本内容和实践方式,实现党建工作与学校课程体系整合,与教学方式改进、学习组织创新、教师队伍建设等深度结合,为深化实施新时代学校落实立德树人根本任务的具体实践方法提供了很好的示范。

第二,探索支持教师发展的思政教育内涵和价值目标。学校以"五史"教育为抓手,引导教师深入学习并掌握历史唯物主义的大历史观,了解国家战略需求,明确教育使命。课题研究既是实践推进的过程,又是价值不断强化的过程。教师在学习理想信念的内涵和要求中,理解所需的知识储备和能力素养。有什么样的教师,就有什么样的课堂。教师的历史视野和方法,带动了学科的教学创新,促进了跨学科的整合,进一步有效地促进了教师的专业能力,提升了师生的素养。

第三,提出探索新时代师德师风的方向和实践方法。师德师风建设是学校教育的重要任务,课题提出并探索了师生共育互促的机制,这对什么是新时代的师生关系、教师规范与专业责任等研究都极具价值,这将是改善学习环境、形成良好教育生态的突破点。多年前学校打造智慧学习的环境,已为新型教学关系打下了良好的基础。该课题在学校课程改革的基础上,深入提出共育的内容和实践方式,从主体相互影响、共同责任以及互相成就等方面作了积极的探索,形成了一定的机制。当然,作为具有突破性和长远性的思考,师生共育是一项长期任务,需要几代人的持续努力。

学校出版课题成果,不仅体现了其敢于反思经验、不断挑战自我的专业责任,而且给全体教师提供了共同参与学习发展的路径和平台。只有教师成长才能影响学生成长,只有教师发展才会促进学校发展。

祝愿市西中学越办越好!

周增为

上海市教师教育学院党委书记

目 录

第三章│青年师生思政共育互促实践·27

第四章│青年师生思政共育互促成效·107

第一章　青年师生思政共育互促缘起

青年是党和国家的未来与希望。党的十八大报告明确指出立德树人是教育的根本任务。党的十九大报告中,对青年寄予殷切期望:"青年兴则国家兴,青年强则国家强。青年一代有理想、有本领、有担当,国家就有前途,民族就有希望。"党的十九届四中全会提出"加强党史、新中国史、改革开放史教育";2020 年 1 月 8 日,习近平总书记在"不忘初心、牢记使命"主题教育总结大会上的讲话中,新提出了"社会主义发展史"的学习教育任务;党的二十大报告又增加了"中华民族发展史"教育内容。学校应该积极回应党和国家的要求,回应时代的呼唤,抓住有利教育契机,以"五史"学习教育为抓手,创新推进思想政治教育,切实落实立德树人根本任务,为党育人、为国育才。

第一节　青年师生思政共育互促的基因解码

2020 年 9 月,市西中学党委面对日益壮大的、占教师队伍比例超过 40％的青年教师队伍,在思考、谋划、推进教师队伍思想政治工作和青年教师队伍建设中,创造性地提出了"以'四史'(后改为'五史')教育为抓手,构建青年师生思政共育互促机制"的想法,并成功申报了 2021 年度上海市教育科学研究项目(三年)。这样的思考和谋划,是基于学校的优良传统和文化基因。

一、学校的办学追求和文化传统

市西中学是上海市一所百年名校,创办于 1870 年,在太平洋战争结束、中国抗日战争胜利后,1946 年正式命名为"上海市市西中学"。经教育家陈鹤琴先生推荐,留美硕士赵传家先生成为命名市西中学后学校的首任校长。为了使经历战争劫难、校园曾被日军占为难民营的学校办学尽快走上正轨,赵传家校长融合中华优秀传统文化和西方先进教育理念,从孔子《礼记·中庸》中的"好学近乎知,力行近乎仁,知耻近乎勇。知斯三者,则知所以修身;知所以修身,则知所以治人;知所以治人,则知所以治天下国家矣"凝练出校训"好学力行",并请名书法家题词制作成牌匾,张挂在教学楼醒目的位置,时时引领激励全校师生。1947 年,赵传家校长又发动全校师生填词谱曲创作了市西校歌(见图 1),把学校历史渊源、校训内涵、育人目标融进了校歌,通过不断传唱融进了市西人的灵魂和血脉中,"愿市西学子作中华栋梁,心身家国齐努力,德智体群共增长!"在校训校歌的鼓舞激励下,百废待兴的学校很快走上正轨,1953 年被上海市政府确定为上海市首批重点中学,1978 年拨乱反正后再次得到确认。

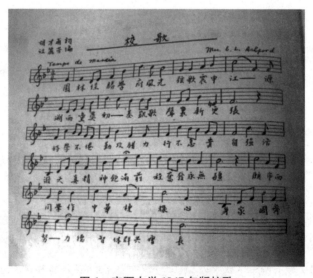

图 1　市西中学 1947 年版校歌

二、学校的文化传承和目标演进

市西中学历任领导都高度重视传承发扬"好学力行"的学校文化精神,坚守育人的教育价值追求,不断创新推进教育教学改革,推动精品优质教育持续发展。20 世纪 80 年代,在恢复高考、追求升学率之风普遍盛行的情况下,市西中学第二任校长陈孟昭明确发声,"市西中学不作'墙头草'","市重点中学就'重'在全面质量上",并提出"德智体三育之间相互渗透、相互促进"的办学思想:德育成为搞好智育的动力又寓于智育之中,体育成为德育的一种手段又促进智育发展。学校以体育课程改革撬动了学校整体课程教学改革,有力推进了学校教育发展,学校荣获上海市课改先进集体、上海市体育工作先进集体等荣誉,为学校成为全国群众体育运动先进单位奠定了坚实基础。学校第三任校长孙志文虽只过渡性担任两年校长,但在1987年他主持对校歌进行了细微修改(见图2),明确提出了"汇集四方众精英,师生团结情意长",自此,"团结协作"也成为市西中学文化基因的重要成分和育人目标的重要组成。

图2　市西中学1987年版校歌

1989年,第四任校长杨安澜上任,集校级班子集体智慧,提出了"'人格与学力'主体性教育"办学主张,并将市西中学"人格与学力"教育诠释为"三格"和"三力","三格"即"高尚的国格、优良的品格、健康的性格","三力"即"基础性学力、发展性学力、创造性学力",并提出了学生主体、教师主体的"双主体"教育理念,在上海市一期课改中作了大量有益的探索,学校成为一期课改优质基地。21世纪初,第五任校长顾正卿又进一步提出了"好学力行,办学育人为本,发展以校为本"的办学主张,并强调"人格"教育既要内化于心,也要外化于形,在"三格"基础上提出了"三雅"要求,即"志趣高雅、举止优雅、谈吐文雅",展现市西学子良好形象,并进一步展开"名师、名学科、名校"三名并举、"课程、课堂、课题"三课联动以及"社区、高校、国外"三维拓展的教育教学改革实践,成为上海市二期课改优质基地。2004年学校经专家评审成为上海市首批实验性示范性高中。

新时期,在已有的扎实优质的教育现实基础上,学校提出了"从优秀走向卓越"的发展愿景;并立足时代背景与党和国家对教育的期待及人才需求,在传承"三格三雅三力"培养目标的同时,提出"全面而富有个性优势发展"的办学理念和"尊重规则会选择,合作包容有爱心,实践创新善质疑,身心健康全人格,胸怀天下担责任"的育人目标,既为学生幸福而卓越的人生奠基,又希望培养更多的志存高远,将来能为推动社会进步、国家发展乃至人类进步贡献自己力量的优秀市西学子。2018年学校新一轮课程教学改革"思维广场:撬动教与学方式变革的实践研究"荣获国家级教学成果一等奖;2024年学校"从思维广场到整体因材施教的实践研究"获得全国教育科研成果鉴定"良好"评价。

三、学校的德育基础和发展展望

从市西中学的历史传统和文化传承中可以清晰地感受到,市西中学一直坚守育人的价值追求与"为国育栋梁"的教育理想和教育情怀,在命名为市西中学的近80年办学历程中,始终围绕"德育为核心""全面育人全面发展"的教育追求展开教育教学实践和改革探索,号召全体教师保持"德才兼备是精品,有德无才是次品,无德无才是废品,无德有才是危险品"的警惕,形成了非常浓郁的立德氛围和扎实德育工作、思政教育基础。学校开展了一系列在当时可以算得上全市乃至全国首创的德育实践活动,如高一全年级学生3天南京考察,高二全年级学生利用寒暑假到全区所有街道所有居委会开展"见习居委会主任"活动,高三全年级学生利用寒假开展"向城市美容师学习"的学工实践和垃圾分类考察活动,以及"绿色春风艺术节、红色夏雨科技节、金色秋海体育节、蓝色冬浪历史节"四大校园文化节日活动等,学校荣获了"全国社会实践活动先进单位""全国德育先进集体"称号以及"上海市行为规范示范校"等一系列荣誉,形成了德育工作品牌和特色,促进了学校全面教育质量的不断提升。

新时期,党中央明确提出了"立德树人是教育的根本任务",并提出了"德智体美劳"全面发展的教育方针,围绕"立德树人"根本任务,五育并举、五育融合。市西中学不忘初心、牢记使命,传承发扬"好学力行"的学校文化精神,在新时代、新课程、新教材实验探索中,把转变育人方式、促进学生个性优势发展、奠基拔尖创新人才培养与五育并举有机融合起来,在大思政背景下,给青年师生思政共育互促提供有利的机遇和丰富的机会。

第二节　青年师生思政共育互促的时代呼唤

进入新时代,中国社会正在经历前所未有的深刻变革。这一变革既带来了空前的机遇,也带来了复杂的挑战。在这样的时代背景下,思想政治教育的重要性被提到了更高的战略地位。青年师生思政共育互促作为一种创新性实践探索,正是应时代发展之需而生,其核心价值在于通过青年教师与学生的互动共生,实现思想政治教育的全覆盖、深融入和强引领。

一、落实立德树人根本任务的需要

党的十九大报告明确指出,要全面贯彻党的教育方针,落实立德树人根本任务,这一理念贯穿了党和国家近年来对教育工作的整体部署。在 2018 年 12 月全国宣传思想工作会议、2018 年 9 月全国教育大会和 2019 年 3 月学校思想政治理论课教师座谈会上,习近平总书记都围绕立德树人作了重要讲话。2022 年党的二十大报告进一步强调:"教育是国之大计、党之大计。培养什么人、怎样培养人、为谁培养人是教育的根本问题。育人的根本在于立德。全面贯彻党的教育方针,落实立德树人根本任务,培养德智体美劳全面发展的社会主义建设者和接班人。"①

高中阶段是学生世界观、人生观和价值观形成的关键时期。加强高中学生的思想政治教育,促进其社会主义核心价值观培育与践行,是党和国家事业发展后继有人的迫切需要。因此,高中学校的思想政治教育,不仅需要通过学科教学与德育活动帮助学生确立正确的"三观",还应通过丰富的实践活动将社会主义核心价值观内化于心、外化于行,助力学生在"知、情、意、行"四个维度实现德性的真正养成和思想品质的锻铸。

从国家层面看,近年来的政策和立法工作也进一步加强了对思想政治教育的重视。2023 年 10 月出台的《中华人民共和国爱国主义教育法》明确提出,"五史"学习教育[中国共产党史(以下简称党史)、新中国史、改革开放史、社会主义发展史与中华民族发展史]是

---

① 党的二十大报告,学习强国平台,2022 - 10 - 16.

爱国主义教育的重要内容和途径。这不仅为中小学开展思想政治教育提供了明确指引，也为高中阶段思想政治教育注入了丰富的内容资源。在培养学生爱国情怀的同时，也深化了学生对历史与现实、个人与国家、社会与世界之间联系的理解，从而增强其历史责任感和培养家国情怀。

二、加强学校教师队伍建设的需要

"百年大计，教育为本；教育大计，教师为本。"事业发展靠人，人才是第一资源。教师是推动教育发展、指导学生成长的关键因素。2018 年中共中央、国务院颁布了《关于全面深化新时代教师队伍建设改革的意见》，阐明了新时代加强教师队伍建设的战略意义，并突出了师德要求，"推动教师成为先进思想文化的传播者、党执政的坚定支持者、学生健康成长的指导者"。①

习近平总书记通过教师节寄语等多种途径对全国广大教师提出了"四有好老师"（"有理想信念、有道德情操、有扎实学识、有仁爱之心"）、做学生"四个引路人"（"做学生锤炼品格的引路人、做学生学习知识的引路人、做学生创新思维的引路人、做学生奉献祖国的引路人"）和弘扬"教育家精神"（"心有大我、至诚报国的理想信念，言为士则、行为世范的道德情操，启智润心、因材施教的育人智慧，勤学笃行、求是创新的躬耕态度，乐教爱生、甘于奉献的仁爱之心，胸怀天下、以文化人的弘道追求"）的期望和要求，这些给学校教师队伍建设指明了方向。而加强"五史"学习教育给学校创新青年教师思想政治工作提供了内容和契机。

然而，在教育实践中，学校的思想政治工作在一定程度上被割裂为面向教师自身与面向学生两个不同的方向。以往学校更加强调学生的思想政治教育，而忽视了教师作为育人主体的思想政治建设，这导致两者在工作内容、目标设计上存在一定程度的脱节。事实上，教师不仅是知识的传授者，更是思想、价值观的传递者。只有教师自身具备坚定的理想信念、深厚的爱国情怀和崇高的职业道德，才能更好地承担起培育、引领学生的责任。

与此同时，青年教师作为教师队伍中最富有朝气与创造力的群体，也是思想政治教育工作的重点对象。加强青年教师的思想政治建设，不仅有助于提高其育德能力，更能通过

---

① 中共中央国务院关于全面深化新时代教师队伍建设改革的意见，新华网，2018 - 01 - 31.

与学生的互动与共育,在实践中不断增强教师的职业认同感、使命感。将"五史"学习教育融入青年教师思想政治工作中,既为教师提供了丰富的学习资源,也为学校创新教师思想政治工作提供了内容和契机。

三、青年师生思政工作割裂的弊端

教师和学生作为两个不同的角色群体,担负不同的任务责任,将两者的思想政治工作分离开来,有它的必然性和合理性。但是,实践证明,对于高中学校的青年师生,把两者的思想政治工作完全割裂开来,会有两个弊端:其一,削弱了学生思想政治教育的力量。师生的思想政治工作完全分割,会导致很多非班主任、非政治学科教师并没有真正把对学生的思想政治教育当作是自己应有的责任。这也正是需要不断强调"人人是德育工作者"和"思政课程和课程思政要同向同行"的原因。其二,削弱了青年教师思想政治工作的丰富性。相对而言,只要足够重视,学生的思想政治教育的方式与载体就能更加丰富多样,如果把青年师生的思想政治教育放在一起谋划与实施,青年教师也会在丰富多样的师生共育活动中更好更快地成长成熟,既增强责任感、使命感,又提升育德意识、育德能力。

以上割裂现象的产生,根本上缘于理论与实践的脱节以及情感互动的缺失。理论需要紧密联系实践。理论联系实践是党的优良传统和重要方法论。在思想政治工作中,理论联系实践是有效的重要方法。"四有好老师""四个引路人",这些都需要教师把自我不断提升的师德修养、政治素养运用到育人的实践中去,才能更好地完成教书育人的使命。尤其是青年教师,只有在和学生一起深入开展思想政治教育相关的各项具体工作活动中,才能更深刻地意识到自己的使命与责任,更加重视提升自己的思想政治修养,并在了解学生实际情况的基础上,动脑筋寻找更好的育人方法,与学生一起教学相长。

思想政治教育更需要情感。德国著名哲学家雅斯贝尔斯说:"教育的本质是一棵树摇动另一棵树,一朵云推动另一朵云,一个灵魂唤醒另一个灵魂。"思想政治教育是世界观、人生观、价值观的传递,更是生命间、灵魂间的互动,需要情感的交融。所以,如果把青年师生的思想政治工作在一定范围和形式上放在一起谋划和实施,加强青年师生间的生命互动、情感交流,会更好地促进青年师生双方的提升,达到更好的工作和教育效果。

综上,将高中青年师生思想政治教育放在一个共同的框架中去设计与推进,不仅是破解当前思想政治教育割裂困境的创新之举,更是顺应时代呼唤、落实立德树人根本任务的有效路径。青年师生思想政治共育模式能够让教师成为学生思想政治教育的榜样与引路人,让学生在教师的言行中受到潜移默化的教育。通过将理论与实践相结合、情感与价值相交融,学校可以构建起多主体协同、多层次联动的思政工作新格局,助力青年一代在教育中成长为担当民族复兴重任的时代新人。

第三节　青年师生思政共育互促的理论依据

高中学校青年师生具有相近或相通的生理和个性心理特征,同时也具有不同的身份、角色任务和责任,将青年师生的思想政治教育放在一起,能充分发挥两者的共性优势,并利用两者的差异促进共同发展。而心理学的相关研究也证明,青年师生之间的互动能形成一个"心理场",这对教师和学生的心理成长和发展都具有积极的促进作用。

一、青年师生思政共育互促的基本内涵

"共育"一词字面上的含义更多的是指"共同培育",但也包含着"把两者或以上放在一起共同培育"。本书中所提的"共育"内涵是后者,我们提出"高中学校青年师生思政共育互促"是指高中学校把青年教师和青年学生的思想政治教育更多地放在一起谋划、设计与实施,发挥他们的共性优势,把两者的差异变成"共育"过程中的资源,促使两者更好地共同促进、共同发展。

二、青年师生思政共育互促的理论支持

心理学研究表明,青年教师与学生在互动过程中,存在着情感交流、认知互动和社会影响等多个层面。正如美籍德裔心理学家库尔特·勒温(Kurt Lewin)提出的"场论",青年师生之间互动形成一个"心理场",青年教师通过积极的情感表达、有效的沟通技巧和灵活的教学方法,能够激发学生的学习兴趣,提高学生的学习动力。而学生的积极反馈和成长进步也会反过来激励青年教师,促进其教育教学水平的提升。这是高中学校青年师生共育互促的基础。

共育互促对于青年教师的心理成长具有积极的影响，对于学生的心理发展也具有积极的促进作用。在与学生互动和合作的过程中能够增强青年教师的自我效能感，使其更加自信地面对教育教学工作；通过与学生的共同成长，青年教师能够不断反思和调整自己的教学方法和策略，提升自身的专业素养；而学生的成长和进步也会给青年教师带来成就感和满足感，激发其持续发展的动力。同时，在与学生的互动中，青年教师能够为学生提供更多的学习机会和资源，促进学生的认知发展和学习能力的提升；青年教师的积极态度和榜样作用也能够影响学生的情感态度和价值观，培养学生的自信心和责任感；通过与青年教师的合作和交流，学生还能够学会如何与他人有效沟通和协作，提升社交能力。

1991 年，美国心理学家肯尼斯·格尔根（Kenneth Gergen）在他的著作《饱和的自我》①中提出了社会建构主义的方法。他认为，从心理方面来说，个体学习过程的性质和内容总是由社会领域的关系决定的，学习只能通过社会背景获得理解。同年，美国人类学家让·莱夫（Jean Lave）和瑞士籍美国 IT 研究员艾蒂安·温格（Etienne Wenger）撰写的《情境学习》②，进一步建构了社会学习概念。他们认为，学习总是在特定的情境下进行的，而这会影响学习过程及结果。1995 年温格把"情境学习"（situated learning）深化为"学习的社会理论"。在他的著作《社群实践：意义、团结与学习》（*Communities of Practice: Learning, Meaning and Itenity*）③中，温格详细阐述了"学习共同体"的概念，并指出人们在参与社群学习实践过程中是如何进行学习的。他强调了社会互动在学习过程中的核心作用，认为学习是一个社会性的过程，而不仅仅是个体的认知行为。这个理论对今天"双新"实验中的情境化教学有重要的指导意义，实际上，也可以是我们研究高中学校青年师生思政共育互促的一个理论支持。换句话说，我们的课题在实践研究过程中，也在丰富"学习共同体"的内涵，凸显师生互动型"学习共同体"，把师生学习（实践）聚焦到"五史"学习教育过程中，通过促进师生的社会性关系互动来提升青年师生的思想认识、情感认同和行为建构。

---

① GERGEN K J. The Saturated Self: Dilemmas of Identity in Contemporary Life [M]. New York, NY: Basic Books, 1991.

② LAVE J, WENGER E. Situated Learning: Legitimate Peripheral Participation [M]. New York, NY: Cambridge University Press, 1991.

③ WENGERE. Communities of Practice: Learning, Meaning and Identity [M]. Cambridge, MA: Cambridge University Press, 1998.

三、高中青年师生特点的共性与差异

高中青年教师和青年学生同属于青年范畴,他们之间必然存在着相近或相通的生理和个性心理特征,即表现为需要、动机、兴趣、信念、理想及世界观等方面的相似性,因为年龄相近、志趣相似容易引发心理相容、情感相通。所以,青年师生心灵更容易走近,更容易产生共鸣。尤其是当代青年师生都出生在日益发展的新时代,成长环境相似,视野都比较开阔,话语体系相似,更有利于互动交流。

当然,他们是两个不同的群体,必然存在"差异":师生身份不同,角色任务不同,责任不同,青年教师是教育者,担负着培育教导学生的义务与责任,而且青年教师学历更高,阅历更丰富,思考更有深度,可以成为青年学生的榜样。青年学生是受教育者,需在教师引导下激发内在潜能,从相对不够成熟走向成熟。而且"初生牛犊不怕虎",他们思维比较活跃,参加活动更有热情,更愿意去尝试新事物,更具青春活力,他们的积极正反馈对青年教师也是一种激励促进。在学校思想政治教育中要正视和发挥好青年师生的"共性"和"差异"。

由上可见,无论是从心理学角度,还是从青年师生的共性与差异角度,高中学校青年教师和青年学生在一起进行思想政治教育,都是有充分的理论基础的,对青年师生都有积极的促进作用。

第二章　青年师生思政共育互促认识

　　在高中学生思想政治教育和教工思想政治工作推进的过程中，我们提出青年师生思政共育互促，是基于时代要求和实践需要的一种创生。从国内外文献研究中，除了找到部分相关理论支撑外，没有找到更多可以学习借鉴的经验，所以在实践研究中，我们首先明确核心概念、研究目标和总体架构，形成切实可行的研究方案，从而展开有效的研究。

第一节　青年师生思政共育互促的核心概念

　　"青年师生思政共育互促"研究课题，是在党中央号召将"四史"（后发展为"五史"）学习教育贯穿立德树人全过程背景下形成的，所以研究中首先要界定核心概念和核心概念引领下"共育"内容着力点的认识与创新。

一、国内外青年师生思政相关文献研究概况

　　通过不完全的外文文献检索，我们没有找到国外研究青年师生思想政治教育方面的文献，可能是因为国外没有思想政治教育这样的提法。但有一些从心理学角度和学习论角度研究青年师生"共育"的相关理论文献。比如前文中提到的美籍德裔心理学家勒温提出的"场论"，即青年师生之间互动形成一个"心理场"，青年教师通过积极的情感表达、有效的沟通技巧和灵活的教学方法，能够激发学生的学习兴趣，提高学生的学习动力。还有，1991 年美国心理学家肯尼斯·格尔根提出的社会建构主义，以及美国人类学家让·莱夫和瑞士籍美国 IT 研究员艾蒂安·温格对社会学

习概念的进一步建构。温格详细阐述了"学习共同体"的概念,并指出人们在参与社群学习实践过程中是如何进行学习的。这些理论为"青年师生思政共育互促"实践研究提供了有力的支撑。

关于青年教师的思想政治教育方面,从国内的 CNKI 数据库中检索出来的文献总条数不算多,近 780 条,近两年有所增加,但以高校研究为主;关于青年学生的思想政治教育方面,共有 509 条相关信息,仍然是高校占主体;关于青年教师思想政治教育与青年学生思想政治教育相结合方面的相关文献更少,只有几十篇,全部是高校、国家行政管理和职业教育领域的,基础教育领域在青年教师和青年学生思想政治教育结合的研究上是空白,目前只有我们课题组成员写的 1 篇。而且从搜索到的文献资料来看,围绕青年教师思想政治教育的研究主要聚焦在"实效性研究"上,如刘斌的《高校青年教师思想政治教育工作实效性探微》①和王健的《增强高校青年教师思想政治教育实效性的探讨》②,指出青年教师思想政治教育要增强实效性,必须明确其重要性、提高其针对性、发挥其主动性。

从极少量高校把青年教师思想政治工作和青年学生思想政治教育结合起来研究的文献来看,有研究者提出了两者"并重"和"共育"观点,如楚国清在《以社会主义核心价值体系为统领 加强和改进高校意识形态工作》③一文中提出,必须高度重视青年教师的思想政治工作;坚持青年教师思想政治工作与青年学生思想政治教育并重的原则;以需求为导向,认真研究青年教师和青年学生的成长规律。江英飒在《构建青年教师与大学生"共育"思政工作模式》④一文中提出,发挥"共育"思想政治工作模式中青年教师的示范引领作用,借助"共育"思想政治教育模式加强大学生思想政治教育实效性,构建"共育"思想政治工作模式的有效途径。但他们都主要停留在理论研究层面,缺乏具体实践。

二、青年师生思政共育互促的核心概念界定

基于文献研究,基于时代背景和教育要求,也基于对高中青年师生特点的了解和把握,

---

① 刘斌.高校青年教师思想政治教育工作实效性探微[J].武汉理工大学学报(社会科学版),2015,28(05):1001—1007.

② 王健.增强高校青年教师思想政治教育实效性的探讨[J].福建工程学院学报,2005(02):116—120.

③ 楚国清.以社会主义核心价值体系为统领 加强和改进高校意识形态工作[J].北京教育(德育),2013(09):15—18.

④ 江英飒.构建青年教师与大学生"共育"思政工作模式[J].中国高等教育,2014(11):45—47.

我们提出了"以'五史'学习教育为抓手,构建青年师生思政共育互促机制"的观点和课题,这里面主要涉及三个核心概念。

(一)"五史"教育

"五史"教育旨在学习、了解"五史",感受中华民族发展历程和优秀传统文化、中国人民艰苦奋斗的辉煌历程,并感悟"五史"历程中所锻铸的各种精神,从而坚定理想信念,弘扬伟大精神,凝聚推进中华民族伟大复兴的磅礴力量。这是学校教育立德树人的重要内容和途径之一。

(二)青年师生

青年强则国家强,青年兴则国家兴。青年教师和青年学生是我们主要关注的对象范围,也是思想政治教育的重点人群。这里所提的青年教师,主要是指学校里35周岁及以下的教师群体,其中含所有这个年龄段的青年群众、团员、党员。当然这个群体人数是会变动的,35周岁也不是绝对的界限,学校党组织要积极凝聚带领中青年教师。高中学校的青年学生是指高中三个年级学生,年龄主要在15—18岁之间。

(三)思政共育互促

"思政共育互促"是我们研究的最核心概念,也是我们结合相关文献研究和思想政治教育实践工作需要所提出的一个新概念,即青年师生思想政治共育互促,其内涵为:在"五史"学习教育中,把青年教师的思想政治工作和青年学生的思想政治教育放在一起谋划、一起组织与实施,让青年师生共同参与"五史"学习教育活动的策划、设计和开展,青年师生共同参与学习活动、平等对话,从而相互影响、相互促进、共同提高,实现更好的育人成效,促进青年教师育人意识和育人能力提升,更好地引领、指导学生茁壮成长。

三、高中学校青年师生主要思政内容共育点

青年师生毕竟是两个身份不同的青年群体,其特点既有共性又有差异,要达成更好的

思政共育互促效果,首先需要我们厘清青年师生"思政共育点"。

(一) 青年师生思政共育的落脚点

我们认为,青年师生思政共育的落脚点主要在以下四个方面。

1. 理想信念教育

列夫·托尔斯泰说:"理想是指路明灯。没有理想,就没有坚定的方向;没有方向,就没有生活。"信念是最强大的力量。青年人要有理想信念,明确航标并为之坚定奋斗。党的二十大号召"全党要把青年工作作为战略性工作来抓,用党的科学理论武装青年,用党的初心使命感召青年"。所以,引导青年人树立远大理想、坚定"四个自信"、为实现中华民族伟大复兴中国梦和人类命运共同体构建而努力奋斗,是青年师生思想政治教育的根本任务,也是青年师生思想政治共育点,让青年师生在相互影响、相互激励中坚定理想信念。青年教师以自己的教育理想指引孕育学生的人生理想。

2. 家国情怀培育

"家国情怀"是"理想信念"的更具体生动的情感体现,是一个人对国家和民族的深情大爱,是对国家富强、人民幸福的理想追求,是对自己国家高度的认同感、归属感、责任感和使命感的体现。古时"人生自古谁无死,留取丹心照汗青"的文天祥,"天下兴亡,匹夫有责"的顾炎武,"苟利国家生死以,岂因祸福避趋之"的林则徐以及建党百余年来许多可歌可泣的英雄,都是浓厚家国情怀的生动诠释。所以,爱国主义教育是学校教育的主旋律。在学校思想政治教育中,培养青年人大格局、大情怀,从爱家爱校到爱国爱党、从爱自己爱家人到爱他人爱人类甚至大自然万物,厚植家国情怀,提升使命感和责任感,激发内驱力,更好地爱岗敬业、好学力行,"修身、齐家、治国、平天下",这是学校思想政治教育的具体落脚点,也是青年师生思想政治的"共育点"。有大情怀的青年教师才能更好地培育有情怀的学生。教育的本质是师生生命间的心灵互动,通过教师的灵魂唤醒启迪学生内在的心灵能量和人格理想。

3. 辩证唯物史观培养

正确的世界观、方法论是坚定理想信念、厚植家国情怀的重要基础和支撑。爱因斯坦曾说"教育是一个人忘记了他在学校学到的一切之后剩下的东西"。那东西是思维方法、思考能力。在全球化、信息化的时代背景下,在世界百年未有之大变局与中华民族伟大复兴战略全局的交织中,社会环境纷繁复杂、鱼龙混杂、价值多元,要引导青年人坚定理想信念并有为之艰苦奋斗的决心和信心,非常重要的是要培养青年人的辩证唯物史观,提升青年人的辩证思维、系统思维、历史思维、创新思维等思维方法与思维能力,用客观全面、联系发展的观点方法看待事物与现象,把握历史发展规律和大势,判断是非、看清本质、辨明方向,从而坚定理想信念。所以,在学校思想政治教育中,要发挥青年师生对社会热点的敏感性和思维的活跃性,加以积极学习讨论,在问题讨论中、思维碰撞中正确理解和把握,也在青年师生的平等讨论对话中自然而有效地建构辩证唯物史观。这是青年师生思想政治的重要"共育点"。

4. 理论紧密联系实际

理论联系实际,是党的优良传统。它既是方法论,也是"五史"学习内容的重要来源。在学习"五史"的过程中,要紧密联系时政、校史和家风,"家事、国事、天下事,事事关心",时政是鲜活的教科书,校史是身边的发展史,家风是直接的营养剂。爱家爱校教育是爱国爱党教育的具体实施路径,也是青年师生思政共育互促的落脚点。

(二) 青年师生思政共育的主要内容

以"五史"学习教育为抓手,在具体实践中,我们还要对"五史"学习教育内容内涵作进一步明晰,我们认为应该涵盖"三类"。

1. "五史"类

党史、新中国史、改革开放史、社会主义发展史、中华民族发展史,包括《习近平新时代中国特色社会主义思想学生读本》,内容丰富,内涵深邃,是最重要的"共育"内容,尤其是"五史"发展过程中孕育的各种精神,可以帮助青年师生更好地理解"中华民族优秀传统文化""中国共产党为什么能,中国特色社会主义为什么好,归根到底是马克思主义行,是中国化时代化的马克思主义行",从而坚定理想信念、厚植家国情怀,也确立起马克思主义辩证唯物史观。

2. "时政"类

中国梦是历史的也是现实的。"时政"是最现实的实践。引导师生关注时政,"家事、国事、天下事,事事关心",本身就是家国情怀的体现;而且,在时事热点中,既可以感受到发展的激动人心、奋斗者奉献者的熠熠光辉,也可以体会到国内外环境的挑战、党和国家领导人面对困难挑战和处理矛盾问题时的勇气与智慧,从而增强自豪感与责任感,提升辩证思维能力。

3."学校"类

这一类内容相比于前两类显得微观,但往往是宏观的缩影,而且更具体、更贴近、更生动,也是青年师生思想政治共育的不可或缺的适切内容。市西中学一百五十余年的校史在一定程度上反映了中国上海发展的历史、时代特征和教育发展特点,体现学校的教育价值追求和为国育栋梁的使命担当。学校新时期的教育新理念、教改新实践,青年师生都在共同体会、践行。我们把爱校教育作为爱国爱党教育的具体实施路径。

第二节　青年师生思政共育互促的目标建构

"凡事预则立,不预则废。"这里的"预"指的是事先做好计划和准备。而目标是计划的主要组成。对于青年师生思政共育互促的目标建构,我们主要从两个角度切入,一个角度是青年师生思政共育互促课题的研究目标,另一个角度是青年师生思政共育互促的发展目标。

一、青年师生思政共育互促的研究目标

从学校实际、工作要求和师生发展目标出发,我们主要确立了两大研究目标。

(一) 建构高中学校青年师生思想政治共育互促的四大机制

1. 建构高中青年师生思政共育互促的组织机制

通过组织机制,进行青年师生思政共育互促的顶层设计,保证青年师生思政共育互促的发生、发展和成效。

2. 建构高中青年师生思政共育互促的操作机制

通过建构操作机制的研究,系统梳理学校原有的青年师生思想政治教育的途径、载体、措施,并在新时期基于青年师生思政共育互促加以创新拓展,同时形成一定的实施操作策略。

3. 建构高中青年师生思政共育互促的分享机制

操作机制中有青年师生在"五史"学习教育活动中的互动,这是青年师生思政共育分享交流的途径载体的组成,但不是全部,还需要研究建构促进青年师生进行思想认识、学习心得体会等深层次的分享交流,促进认识提升、观念确立和情感升华。

4. 建构高中青年师生思政共育互促的激励机制

激励是鼓舞和导向。通过建构激励机制,更好地促进、巩固青年师生思政共育互促工作的开展,激发青年教师参与青年学生思想政治教育的热情、责任使命和幸福感。

(二) 提升高中学校青年教师的育人意识和育人水平

人才是第一资源。教师是教育高质量发展的根本保障。青年教师是落实立德树人根本任务的主力军和生力军。通过本项目实践研究,加强青年教师的培训培养,积极组织发动青年教师、青年学生多途径多方式地开展"五史"学习教育活动,把"五史"学习教育融入学校立德树人工作全过程,从而营造更加浓郁的学校育人文化氛围,不断提升教师育人意识与育人能力,促进青年教师的成长成熟,提高思想政治工作实效。

二、青年师生思政共育互促的发展目标

提出青年师生思政共育互促,是为了促进青年教师的思想政治工作和青年学生的思想政治教育,提升青年师生的思想政治素养,更好地推进人才队伍建设和学生全面发展。所以,在实践研究过程中,我们也逐步梳理了青年师生思政共育互促的发展目标要求(见表1),并以此引领青年师生思政共育互促实施的全过程,从而着力提升青年教师的育人意识和能力水平。

表 1 青年师生思政共育互促的发展目标要求

学生发展目标		共育的主要内容	共育的主要途径	青年教师行动	青年教师发展目标
高一年级	● 认知为主 ● 以爱班、爱校、爱家乡为底色	● 五史 ● 习近平新时代中国特色社会	● 思政理论课 ● 思维广场跨学科学习课程 ● 寻访身边市西校友与人生发展规划	● 精心教学,落实思政课程与课程思政 ● 组织策划开展活动,与学	● 增进对"五史"和"习近平新时代中国特色社会主义思想"的认知、理

续　表

学生发展目标	共育的主要内容	共育的主要途径	青年教师行动	青年教师发展目标
● 增进爱国爱党情感	主义思想学生读本 ● 校史 ● 时政	撰写交流 ● 入学系列教育与"相约三十年后"心愿封存暨生涯导师聘任仪式 ● 人物访谈 ● 学术探究日课程、研究院创新实验室课程等学术性高中建设重点项目 ● 六大校园文化节日活动,南京考察,慈善音乐会,主题团日活动,青年党校等	生共同参与校园文化节日活动 ● 积极担任学生生涯导师,悉心进行生涯指导 ● 上好主题教育课 ● 青年党员上好党课 ● 认真准备,接受学生访谈 ● 师生时政大赛等	解和运用 ● 增强责任感和使命感,确立正确教育理念,认同并积极践行学校教育价值追求和教育实践
高二年级 ● 践悟为主 ● 以爱校、爱国为基础 ● 增强社会责任感	● 五史 ● 习近平新时代中国特色社会主义思想学生读本 ● 时政	● 思政理论课 ● 思维广场跨学科学习课程 ● 校园文化节日活动 ● 学术探究日课程等学术性高中重点项目 ● 文化游学实践活动,"进馆有益"活动,学农实践,下社区进楼宇实践,志愿服务(公益劳动),主题团日活动,青年党校等	● 精心教学,落实思政课程与课程思政 ● 组织策划开展活动,与学生共同参与校园文化节日活动 ● 积极担任学生生涯导师、免修生导师、拓展性论文导师、文化游学实践导师 ● 上好主题教育课;青年党员上好党课;师生时政大赛等	● 在和学生一起参加各类社会实践活动中,开阔视野,提升素养 ● 学会整合家庭社会资源,提高育德能力和育人水平
高三年级 ● 明志为主 ● 以爱党爱国爱中国特色社会	● 时政 ● 国家发展战略 ● 校风	● 思政理论课 ● 十八岁成人仪式系列教育活动,形势考察	● 精心教学,落实思政课程与课程思政 ● 上好主题教育	● 能够把提升了的思政素养、师德师风水平转化为艰苦奋

续　表

学生发展目标	共育的主要内容	共育的主要途径	青年教师行动	青年教师发展目标
主义为底色 ● 勇担社会责任	● 家风	● 主题教育课,主题团日活动,校园文化节日活动,青年党校等	课 ● 陪伴、指导学生 ● 师生主题思想交流等	斗、专业精进、关爱学生的实际行动 ● 能够鼓舞激励学生迎接高考这个人生的一大挑战,指导学生把个人发展与国家命运、社会进步相统一

第三节　青年师生思政共育互促的研究框架

青年师生思政共育互促的研究目标的确立,指引了本课题研究的基本内容框架,也进一步明晰了研究的重点,为青年师生思政共育互促实践的展开、实施与创新奠定了坚实的基础。

一、研究内容的总体框架

青年师生思政共育互促的研究是以"五史"学习教育为抓手,积极探索建构青年教师和青年学生思政共育互促的相关机制。

(一) 建构青年师生思想政治教育共育互促的组织机制

中国共产党具有强大的组织优势,具备很强的组织力、动员力和社会号召力。利用好党组织的组织优势,发挥好组织的有力保障作用,我们首先从建构能把青年教师思想政治工作和学生思想政治教育统整起来思考、谋划、设计的组织机制入手,研究学校党组织、行政各职能部门各组室与共青团和工会等群众组织如何协调联动起来,组织并保障青年师生共育互促相关机制的运行。特别是 2021 年在迎接和庆祝建党百年过程中,通过多形式组织青年师生开展"10 项一百"工程,即学习、了解建党以来"一百位烈士""一百位优秀共产党员""一百位科学家""一百项科技成就""一百个伟大工程""一百部优秀影视作品""一百首红歌""一百个发展历程中伟大历史事件""一百首诗词金句",开展"一百年党史研究"等,来检验组织机制的运作,并找到可以优化的环节。迎庆建党百年正是课题研究启动的时候,它本是学校思想政治建设的重要契机,"10 项一百"工程牵动了所有部门所有组室所有师生,课内外、家校社联动,是青年师生思政共育互促的好途径,也是建构和考量青年师生思政共育互促组织机制的好契机。这个组织机制将为青年师生思政共育互促提供有力的支撑。

(二) 建构青年师生思想政治教育共育互促的操作机制

有了组织机制的保障后,在具体的教育实践中,我们积极研究如何突破传统青年教师队伍思政建设与青年学生思政教育分离的做法,以共育互促理念为引领,以"五史"学习教育为抓手,从课程设计、课堂教学、校园文化活动、社会实践活动、资源整合等几个方面,探索建构青年师生思想政治共育互促的操作机制,创新思想政治教育的载体、途径与方法,更好地推进学校思想政治建设。也就是通过青年师生思政共育互促的操作机制,真正地把青年师生调动起来,共同积极投入到课程教学、校园文化活动和社会实践活动中去,在大思政的背景下氛围中,青年师生一起策划、设计、开展、创新,一起融入思政教育过程中去,从而更好地实现青年师生思政共育互促。

(三) 建构青年师生思想政治教育共育互促的分享机制

在研究青年师生思想政治共育互促操作机制的过程中,探索建构促进青年师生思政共育互促的分享机制,除了操作机制运行过程中本身就可能存在的分享交流外,通过项目研究,探索建立青年师生思政共育互促的"新青年研习所""青年党校""学术论坛""学术探究日""学术节"和"导师制""社群制""学长制"等,抓住"五四"、"七一"、建党百年、团史百年、中华人民共和国成立 75 周年等重大历史纪念日和重要时政契机,进一步建构或创新分享的平台、途径和方式,通过"学、思、践、悟"上的分享交流,更好地促进青年师生思想政治共育互促,教学相长。

(四) 建构青年师生思想政治教育共育互促的激励机制

人,尤其是青年人最需要激励和榜样引领、典型带路。所以,在建构青年师生思政共育互促机制的研究中,除了研究建构组织机制、操作机制、分享机制外,我们还要研究激励机制。激励机制包含评价和导向两大功能,但形成评价体系相对比较难,所以在这一项目研究的过程中,除了每一项活动的评价外,我们主要从宣传激励、成果激励、表彰激励、发展激励等几个维度积极探索,研究建构有利于青年师生思想政治教育共育互促的激励机制,给予青年师生思想政治教育共育互促以鼓舞和导向,并努力把对青年师生思政共育互促的定性评价、过程性评价、发展性评价融入其中。

二、研究内容的重点难点

从前面的研究内容基本框架中,可以看出,我们研究的重点内容是以"五史"学习教育为抓手,建构高中青年师生思政共育互促的组织机制、操作机制、分享机制和激励机制,具体的研究内容将在后面的章节详细展开。而本课题研究的难点是如何促使这四个机制的有机融合、有效整合,真正实现四大机制的相辅相成,形成一个闭环,而且常态化运作,更好地促进青年师生教学相长,相互教育、相互促进、共同发展,让思政教育充满生机与活力(见图1)。

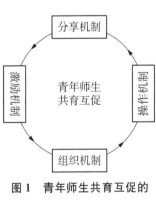

图 1　青年师生共育互促的四大机制

第四节　青年师生思政共育互促的研究过程

明晰了研究目标,建构了研究内容,接下来就是理清研究思路与方法,梳理研究阶段与过程,使整个研究有序有效展开。

一、研究的基本思路

　　我们先通过文献研究,了解相关研究的现状,进一步明确本课题研究的方向和内容。再通过行动研究法,抓住开展"五史"学习教育的契机,围绕"青年师生共育互促"的理念,先理顺建构有利于青年师生思想政治教育共育互促的组织架构,然后在组织机制运行下,探索创新建构有利于青年师生思想政治共育互促的实践途径,形成一些有效的载体、方法,并加强和促进青年师生思想交流。同时,边实践边总结边宣传,每一个实践载体过后都及时对其进行梳理总结并形成通讯,及时宣传,这既是对青年师生的鼓励,又是扩大宣传辐射,也是一种更广范围的交流,从而建构形成协调联动、相辅相成的青年师生思想政治教育共育互促的组织机制、操作机制、分享机制和激励机制。在研究过程中通过问卷和个别访谈等方式了解青年师生的意见建议、心得体会和发展成果,检验激励机制运行的实效性,不断完善优化机制(见图2)。

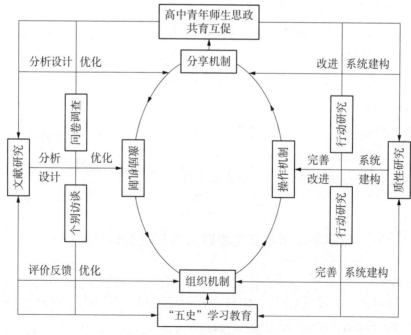

图 2　课题研究推进的整体思路

二、研究的主要方法

（一）文献研究法

在项目研究的启动阶段主要运用文献研究法,明确项目研究的方向,分析项目研究的价值意义,以及项目研究的突破和创新点等;在项目研究的过程和总结中,也进行了文献研究,目的是进一步找到本项目研究内容的理论支撑,提升本课题的理论和实践价值。

（二）行动研究法

行动研究法贯穿项目研究全过程,是本项目的主要研究方法。尤其是在项目研究实施的过程中主要运用行动研究法,在具体的"五史"学习教育实践中研究青年师生思想政治共育互促的机制,并在教育实践中不断优化完善。

（三）质性研究法

在项目行动研究的过程中,项目研究成员经常性收集资料,进行整体性研究分析,运用质性研究法对青年师生思想政治共育互促机制进行系统建构和完善改进。

（四）问卷调查法、个别访谈法

主要在项目研究调整和总结阶段,运用问卷调查法、个别访谈法等,了解青年师生对共育互促机制运行的反馈,从而进行进一步的分析设计、评价反馈、调整优化、总结经验、反映成效。

三、研究的步骤过程

（一）准备阶段:开展理论研究,找准研究起点

1. 开题论证,专家指引

2020 年 9 月我们开始谋划建立"以'四史'学习教育为抓手,建构高中青年师生思政共

育互促机制的实践研究"课题,并于 2021 年 1 月申报成功,立项为 2021 年度上海市教育科学研究项目。2021 年 4 月 7 日进行了开题论证。与会专家既充分肯定了本课题研究目标明确、研究内容丰富、组织管理健全、过程步骤有序扎实、研究预期成果形式多样,还特别肯定了本课题的研究价值,认为本课题视野很敏锐,能够将视角放到青年教师的思想政治培养上,并将学生的品格教育作为重要策略,是端正育人方向、提高育人效果的重大措施,对人才成长具有实质影响。高中青年教师和学生的"五史教育"基础较一致,"共育"与"互促"有重要的实践基础,"共"和"育"是两大亮点,指向核心素养培育,可为未来学校育人方式的变革提供可借鉴的样本,预期的研究成果将对中小学党史教育产生积极的意义和影响。

　　同时,与会专家也给予本课题研究很好的指引,深入思考"共育"核心概念,基于"五史"知识体系与各个学科交叉关联课程的逻辑起点,将跨学科、分学科与全员育德结合,通过目标分层、素养分级等方式更清晰地体现教师和学生的素养,做进一步的架构优化;并通过实证研究、实践检验、阶段性、多元化,形成自己的特色,加强创新性和时代性。正是在专家的指导下,我们深化思考研究,形成了青年师生思政共育互促的发展目标要求。

　　2. 文献梳理,厘清重点

　　通过文献研究,我们形成两点认识:其一,把青年教师的思想政治工作和青年学生的思想政治教育结合在一起进行谋划实施是一个创新实践,没有前人经验可循,既有挑战,也有很大的探索发展空间。课题组既要研究实施的方式与途径,更要厘清青年教师与青年学生思想政治教育的共性与差异,从而找到两者"共育"的着力点和主要内容。其二,青年师生共育互促是有心理学理论支持和教育教学理论支持的。"双新"实验非常强调"师生、生生互动",倡导情境教学法,重视、实施青年师生思政共育互促,既可以促进青年师生思想政治教育,又可以促使青年教师更好地体会到"双新"实验的真谛,更好地形成新时代的课堂教学模式。促进青年教师队伍建设是本课题研究的重点目标之一,也是成效的重要体现。

(二) 启动阶段:构建组织机构,形成研究制度

　　1. 分解研究内容,成员分组研究

　　2021 年 4 月开题论证后,课题组正式展开课题研究。课题组进行了分工,除了课题核心组成员外,也吸纳了一些其他青年教师,建立了以下 6 个研究小组:

　　① 青年师生思政"共育"的落脚点和内容研究小组

② 青年师生思政共育互促的组织机制研究小组

③ 青年师生思政共育互促的操作机制研究小组

④ 青年师生思政共育互促的分享机制研究小组

⑤ 青年师生思政共育互促的激励机制研究小组

⑥ 青年教师校本研修课程建构与展开实施研究小组

各研究小组人员有交叉，分工协作，积极展开行动研究。

2. 建立反馈机制，及时分析调整

课题组建立了定期与不定期相结合的反馈机制。各个研究小组不定期进行碰头商量，推进各小组研究工作；每学期召开课题组成员会议，反馈阶段研究情况，进行综合分析，对有必要调整的内容或措施及时进行调整。阶段性地听取咨询指导组专家的意见建议，特别是在每学年学校组织的实践项目立项和结项专家评审以及课题的中期论证中，得到了专家的进一步指导。

（三）实施阶段：探索机制途径，指导实践研究

1. 明确研究路径，了解操作方法

在行动研究过程中，课题组借助 2021 年迎接和庆祝建党 100 周年的契机，从课程教学、校园文化活动、社会实践活动、主题教育活动等各途径入手，积极组织发动青年师生共同策划、设计并参与的"五史"学习教育活动，开始探索建构青年师生思政共育互促的操作机制；在实施过程中发现组织上存在的问题，在贯彻落实《关于建立中小学校党组织领导的校长负责制的意见（试行）》文件精神中，调整学校中层部门设置，增设了学校党委下属的"宣传教育处"，赋予统领师生思想政治教育的职能职责，理顺了青年师生思政共育互促的组织机制；在组织机制的运作下，在操作机制运行的同时，积极探索建构分享机制和激励机制。课题研究有序展开。

2. 定期研究反馈，基于实证指导

在研究过程中，在课题组研究制定相关方案实施过程中，通过定期的研究反馈，及时会诊具体实施情况，及时发现需要弘扬的优势或优化的问题，及时加以发扬、巩固或调整，对实施过程加以基于实证的指导。比如，2021 年在迎庆建党 100 周年中，课题组把它作为促进青年师生学习"五史"的极好契机，通过研究形成的青年师生共育互促组织机制运作，发

动青年师生一起组织策划开展了"10项一百工程",青年师生共同参与,取得了很好的教育效果。当年暑假,虽然受疫情影响,无法正常组织开展走向全国的文化游学活动,课题组指导教工团和学生团联动,每一位青年教师都积极组织若干学生形成一个或几个课题组,在上海开展"进馆有益"微课题研究活动,注重过程关注和指导。结果39位青年教师指导了47个学生课题组,足迹覆盖上海各类场馆,认真展开参观、考察、调研,撰写论文,最终在上海市教委德育处、上海市中小学德育研究会组织开展的以"文化根·民族魂·中国梦"为主题的上海市中学生"进馆有益"优秀微论文征集活动中收获硕果,27个课题组获得了市级一、二、三等奖,其中一等奖7个,大大激励了青年师生共同学习实践的热情。又比如,2022年党的二十大召开后,课题组及时将"四史"学习教育调整成"五史"学习教育,并将《习近平新时代中国特色社会主义思想学生读本》作为青年师生思政共育互促的重要内容。

(四)总结阶段:梳理机制策略,形成研究成果

课题组收集汇总三年来行动研究的所有资料数据,进行梳理整理总结,包括研究过程中所开展的青年师生问卷调查和个别访谈,包括所有实践研究过程中的所有活动方案、交流分享材料等,也包括所有可能收集到的体现青年师生素养能力提升和思想政治建设成效的相关资料,从中梳理青年师生思想政治共育互促的四大机制和实施策略,总结本课题研究的成果以及所取得的成效。

第三章　青年师生思政共育互促实践

围绕青年师生思政共育互促的基本内涵、研究目标和内容，我们积极展开实践探索，构建了推动青年师生思政共育互促的四大机制，推进青年师生思政共育互促的有效实施。

第一节　青年师生思政共育互促的组织机制

组织机制是青年师生思政共育互促的基础和保障。基于新时代教育背景和要求，结合学校特点与实际，我们积极探索建构青年师生思政共育互促的组织机制。

一、青年师生思政共育互促组织机制建构背景

（一）加强思想政治工作背景

近年来，国家相继出台了一系列重要文件，国家领导人也在多种场合不断强调青年师生思想政治工作的重要性。党的十八大以来，习近平总书记从百年未有之大变局的世界视野和实现中华民族伟大复兴战略目标的高度，强调思想政治建设的战略性、全局性和时代性意义。基于这样的指导思想，市西中学坚持把立德树人作为学校工作的中心环节和重点工作，始终把学生思想政治教育贯穿于学校各项教育教学改革与发展的全过程，努力实现全程育人、全方位育人。

2021年7月，中共中央、国务院印发《关于新时代加强和改进思想政治工作的意见》，明确提出加快构建学校思想政治工作体系，指出"要构建一体化领导、专业化运

行、协同化育人的理念和体制机制"的意见精神,给市西中学思想政治工作指明了实施途径,就是要开展青年师生思想政治教育一体化机制建设,通过构建青年"大思政"思想与机制,打好组合拳,推动思政课程和课程思政相互融合,实施协同育人,增强思想政治教育的实效性。

2022年4月,习近平总书记在中国人民大学考察时特别强调,"思想政治理论课能否在立德树人中发挥应有作用,关键看重视不重视、适应不适应、做得好不好"。这次讲话充分表明青年师生思政工作要铭刻在思想中、见诸行动中、体现在实效中。

党的二十大报告就全面推进思政一体化建设又进一步强调,"育人的根本在于立德","用社会主义核心价值观铸魂育人,完善思想政治工作体系,推进大中小学思想政治教育一体化建设",为市西青年师生思想政治工作更进一步指明了方向。

2022年11月,教育部发布《关于进一步加强新时代中小学思政课建设的意见》,文件就"大思政"一体化建设,强调了在开展青年师生思政教育过程中要紧密联系中小学实际,要深化思政课改革创新,切实加强思政课教师队伍建设,统筹用好各类教育资源,大力提升思政课育人质量。市西中学建立了思政学科正高级教师和区德育学科带头人主持的"大思政教师工作室",以青年大思政教师为主体,引领带动大思政教师队伍提升。

2024年5月,习近平总书记对学校思政课建设又作出重要指示,强调"不断开创新时代思政教育新局面,努力培养更多让党放心、爱国奉献、担当民族复兴重任的时代新人"。这次会议突出了思政教育要有新气象新作为,要始终坚持马克思主义指导地位,以中国特色社会主义取得的举世瞩目成就为内容支撑,以中华优秀传统文化、革命文化和社会主义先进文化为力量根基;深入推进大中小学思想政治教育一体化建设;要着力建设一支政治强、情怀深、思维新、视野广、自律严、人格正的思政课教师队伍。

(二)《关于建立中小学校党组织领导的校长负责制的意见(试行)》文件实施

为进一步落实中小学思想政治工作,加强党对教育工作的全面领导。2022年1月,中共中央办公厅印发了《关于建立中小学校党组织领导的校长负责制的意见(试行)》。通知指出,建立中小学校党组织领导的校长负责制,是坚持为党育人、为国育才,保证党的教育方针和党中央决策部署在中小学校得到贯彻落实的必然要求。文件从党的教育目标和国家教育战略的高度,突出了开展青年师生思政教育的目的性、重要性和必要性,强调"要把思想政治工作紧紧抓在手上,深入开展社会主义核心价值观教育,抓好学生德育工作,把弘扬革命传统、传承红色基因深刻融入学校教育,厚植爱党、爱国、爱人民、爱社会主义的情感,努力培养德智体美劳全面发展的社会主义建设者和接班人"。

2022年,为了贯彻党中央文件精神,上海市委办公厅、静安区委办公室先后颁发了《关于中小学校建立党组织领导的校长负责制实施办法(试行)》。为了切实地贯彻落实相关文件精神,发挥好党组织领导的把方向、管大局、带队伍等作用,更好、更有力地推进学校思想政治工作,加强青年师生思想政治教育,市西中学调整了中层职能部门设置,增设了党委所属的"宣传教育处"。"宣传教育处"由学校党委领导,其部门职能定位于广泛开展学校师生形势政策教育、思想政治教育、核心价值观教育、"五史"教育等,深入广泛地宣传贯彻党的路线、方针、政策,开展学校精神文明创建和校园文化建设,推进并落实学校决定的各项教育教学改革项目的实践和宣传。

二、青年师生思政共育互促组织机制基本框架

(一) 新建党委下属中层职能部门"宣传教育处"

2022年,通过课题组的研究,为了更好地落实立德树人教育根本任务,加强并推进学校思想政治工作,在《关于新时代加强和改进思想政治工作的意见》《关于建立中小学校党组织领导的校长负责制的意见(试行)》等文件精神的指引下,学校进行了内部治理结构和运行机制的修订与优化,调整了学校中层职能部门设置,增设了党委下属的"宣传教育处",赋予其新时代背景下统抓师生思想政治教育的重要职能和职责,在学校党委的领导下,落实学校思想政治教育,宣传贯彻党的路线、方针、政策,开展学校精神文明建设和文明校园创建;负责抓好党的政治建设、组织建设、思想建设、作风建设,指导党支部建设和共青团工作;全面负责学校宣传工作,负责学校精神文明建设,做好文明校园创建工作;做好全校师生的思想政治教育,抓好师德师风建设;抓好学校宣传阵地建设,负责学校重大活动、重点工作、亮点特色、优秀人物和先进事迹等的宣传报道,落实宣传教育内容和审核;做好网络安全和国家安全等意识形态相关工作等(完整的部门职能和岗位职责见案例1)。

【案例1:市西中学宣传教育处部门职能与岗位职责】

一、部门职能与工作任务

(一)部门职能

宣传教育处是在学校党委领导下,落实学校思想政治教育,宣传贯彻党的路线、方针、政策,开展学校精神文明建设和文明校园创建的职能部门;负责抓好党的政治建设、组织建设、思想建设、作风建设,指导党支部建设和共青团工作;全面负责学校宣传工作,负责学校精神文明建设,做好文明校园创建工作;做好全校师生的思想政治教育,抓好师德师风建设;抓好学校宣传阵地建设,负责学校重大活动、重点工作、亮点特色、优秀人物和先进事迹等的宣传报道,落实宣传教育内容和审核;做好网络安全和国家安全等意识形态相关工作。

(二)主要任务

1. 抓好党的政治建设、组织建设、思想建设和作风建设,指导各支部开展和落实"三会一课"、主题党日、民主生活会、民主评议、专题组织生活会等。

2. 抓好师德师风建设,开展教职工政治学习,提升教职工政治意识、责任担当、育德能力,培养优良的师德师风;加强思政课程教师队伍建设。

3. 抓好学生思想政治教育,加强理想信念教育和社会主义核心价值观教育,指导共青团开展主题团日、青年党校等思想教育活动。

4. 负责学校宣传工作,联动各部门各组室落实宣传内容。做好学校重大活动、重点工作、亮点特色、优秀人物和先进事迹等的宣传报道,传播学校的教育目标、教育理念和教育改革成就,扩大学校知名度和影响力。

5. 做好校园宣传阵地建设。负责校园内电子屏、标识标牌、宣传橱窗、宣传墙、宣传板报、"市西老家"微信公众号、校史馆等宣传阵地的建设、维护和及时更新;关注和指导学校里各组室、学生组织、班级等自主建设的自媒体。

6. 负责宣传工作组建设,组建和优化宣传组队伍,建立与各部门、各党支部、各组室经常性的联系机制,及时捕捉宣传信息,及时落实宣传内容和相关资料。加强对宣传组成员采编、摄影、撰稿、排版等组织、培训和指导工作。

7. 做好学校语言文字工作。贯彻实施《中华人民共和国国家通用语言文字法》,宣传国家语言文字工作的方针、政策。开展多样活动,创建规范、健康的校园语言文字环境,提高师生语言文字规范意识和语言文字应用能力。

8. 负责与上级新闻主管部门及校外新闻媒体的联系;建立舆情应对预案,密切监控宣传内容和网络舆情动态,做好正向管控,及时处理舆情。

（三）配合任务

1. 配合学生发展处和课程管理处指导学生校园广播电视台社团建设,发挥好学生在宣传教育工作中的自主作用。

2. 配合资源保障处指导校友会落实定期编印《校友通讯》工作。

二、岗位设置与岗位职责

宣传教育处设主任1人、兼职副主任1人、宣传工作组组长1人。宣传教育处主任(或副主任)、党政办公室分管党务的主任(或副主任)及宣传组组长原则上分别兼任党委下属的3个二级党支部书记。

（一）主任

在学校党委的领导下,负责学校党员和师生的形势政策教育、思想政治教育、精神文明建设和校园文化建设等工作,向书记和校长负责。

1. 配合党委做好学校党员及三个支部的学习、活动和教育。

2. 负责教师政治思想教育,开展好教工学习,做好每次教职工大会内容记录。

3. 负责学校各类对内对外宣传工作,结合市西教育集团的筹建,开展特色项目和活动宣传,落实常规宣传教育。

4. 负责校园文化建设和文明校园创建工作。

5. 负责校园媒体安全,开展师生国家安全教育及舆情应对工作。

6. 负责与各部门沟通和协调,宣传学校各部门亮点与成就。

7. 做好"完成学校临时交办任务"。

（二）副主任(兼职)

在学校党委的领导下,协助宣传教育处主任开展学校党员和师生的形势政策教育、思想政治教育、精神文明建设和校园文化建设等工作,向书记、校长和主任负责。

1. 负责"市西老家"微信平台的组稿、审稿和推送工作,以及规范语言文字应用和学校电子屏宣传。

2. 负责学生理想和信念教育,配合学生发展处和团委学生会,开展好升旗仪式、青年党校的学习、学生的思想教育指导、学生活动的组织与宣传。

3. 配合主任做好学校党员及三个支部的学习、活动和教育。做好党员学习计划的制定、具体活动的安排、宣传的策划与通讯的发布。

4. 配合主任做好教师政治思想教育,开展好教工学习。做好教师师德学习的组织和策划,每周教工学习内容的具体安排。

5. 做好"学校临时交办任务"。

(三) 宣传工作组组长

在学校党委的领导下,协助宣传教育处主任和副主任,重点负责日常宣传组织和落实工作,向主任和副主任负责。

1. 负责所在支部的党员学习、活动和教育工作。

2. 配合书记、主任和副主任做好党员教育、师德建设、学生活动、校园文化、文明创建等方面的具体宣传。

3. 做好"学校临时交办任务"。

"宣传教育处"的设立,为建立青年师生思政共育互促组织机制奠定了重要基础和组织保障。宣传教育处自设立以来,认真贯彻执行党委指示和学校集体决策,主动思考,发挥部门职能,积极联动学校各行政部门、二级党支部和群团组织等开展了大量的青年师生思想政治建设方面的工作,取得了积极的成效。

(二) 青年师生思政共育互促组织机制框架

为了更好地促进青年教师思想政治建设和学生思想政治教育有机统整,市西中学形成了有利于青年师生共育互促的组织机制,将党组织、行政部门组室、共青团工会等群众组织进一步协调联动起来,围绕"学""思""践""悟"四个角度保障青年师生共育互促的相关机制运行。学校设立了党政办公室、教育管理处、课程管理处、学生发展处、宣传教育处和资源保障处,全面具体推进学校教育教学工作。其中引领和发挥青年思政教育方面重点在五个部门:党政办公室全面负责部门之间的统筹协调,而宣传教育处和学生发展处主要负责指导团委、学生会、青年教工团、年级、班级等开展思政教育与实践,落实青年党校和团校学习、红色基地社会实践、主题团日、青年教师思政教育、青年班主任培养、青年生涯导师、班级建设、学生理想信念教育、日常行为规范教育、体育健康教育、心理健康教育、法治教育等工作;教育管理处负责落实教研组青年教师的培养,落实学科德育,开展各类学科课程育人,以及免修制导师制的落实;课程管理处则重点负责指导青年师生开展校园文化活动、学术性高中推进的如学术探究日、拓展性论文、早晚锻炼、研究院实验室项目等活动。各部门条块清晰,职责明了,目标明确,且部门之间相互协调,互为补充,构成了一个较为完整的青年师生思政共育互促组织管理机制(见图1),为全面推进市西中学青年师生的思想政治工作提供了坚实的保障。

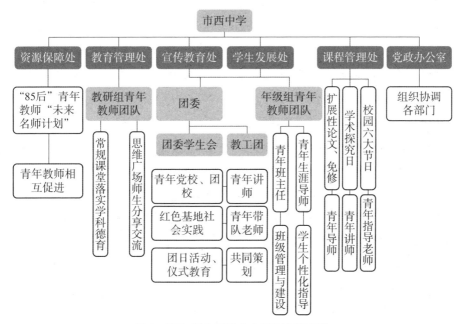

图1　青年师生思政共育互促组织架构

三、青年师生思政共育互促组织机制实际运行情况

(一) 组织机制运行策略

课题组在实践探索中形成了"党委领导、党政协同、师生团建联动"青年师生思政共育互促的组织机制,积极开展青年师生"五史"学习教育,以党支部、团委学生会、青年教工团、工会等为主要行动单元,积极运用各部门"联动"的运行策略和"以青年教师引领带动青年学生","实践化、多样化、精致化"的行动策略,联动学校各部门,主动作为,发挥组织和领导作用,扎实开展青年师生思政共育互促的系列活动,取得了一定的实效。

1. 联动各党支部,开展增强青年教师育人情怀的思政教育活动

青年党员教师是培养青年学生的主力军和生力军,是学校思政教育的一支重要队伍。培育他们具备坚定的理想信念、丰厚的思政理论知识、扎实的育人情怀和丰富的实践知识十分重要,为此宣传教育处联动学校三个党支部,开展了走访考察红色场馆、漫步参观城市发展、系列国家安全教育等活动。

以组织所有青年党员教师和青年团员教职工走访红色场馆活动为例:2023年5月,为进一步学习贯彻党的二十大精神,追寻中国共产党波澜壮阔的百余年征程,了解新时代上海城市发展的伟大成就,激励青年党员教师不忘初心、牢记使命,凝聚共识,汲取力量,以饱满热情投身到市西教育教学改革的新征程中,努力培养市西优秀学子,宣传教育处组织开展了以"追寻城市足迹,凝聚奋进力量"为主题的参观活动,参观了中共一大纪念馆、上海交通大学钱学森图书馆、苏州河工业文明展示馆和刘海粟美术馆等地。

通过参观修葺一新的中共一大纪念馆,青年党员教师回顾了建党历史,重温了入党誓词,表示一定要铭记党的奋斗历程,不忘初心、牢记使命,踔厉奋发,以饱满热情投身到市西教育教学改革的新征程中。参观完上海交通大学钱学森图书馆后,青年党员教师们感悟到钱学森志在强国、心系人民的爱国精神,严谨要求、勇攀高峰的科学精神,淡泊名利、宁静致远的奉献精神。而这些正是市西青年教师今天在学术性高中创建推进中必须肩负的责任和需要传递给学生的精神力量。参观考察后,青年教师纷纷表示,在自己的实际工作中,要持续培育学生强烈的社会责任感和使命感;要精心培育学生对未知领域葆有一种持续的好奇心,有强烈学习的欲望;要努力培育学生顽强拼搏的意志品质,坚韧不拔的毅力,勇攀科学之巅。参观完苏州河工业文明展示馆后,青年党员教师们对苏州河两岸在中国近现代工业史上所发挥的作用增加了认识,同时深切感到新时期在以人民为中心的执政理念下,苏州河区域所展现出的全新活力,并从中受到鼓舞,汲取了奋斗前行的力量。大家决心要把参观的所学所悟化为实际行动,立足自身岗位,培养更多优秀青年学生,为上海城市建设和未来发展尽自己的一份力。以"2023年市西党团员教师'追寻城市足迹,凝聚奋进力量'参观场馆活动"为例。

【案例2:2023年市西党团员教师"追寻城市足迹,凝聚奋进力量"参观场馆活动】

为进一步学习贯彻党的二十大精神,追寻中国共产党波澜壮阔的百余年征程,了解新时代上海城市发展的伟大成绩,激励党员教师不忘初心、牢记使命,凝聚共识,汲取力量,以

饱满热情投身到市西教育教学改革的新征程中,学校党委计划开展以"追寻城市足迹,凝聚奋进力量"为主题的参观活动。

一、活动对象:全体党员和青年教工团教师

二、参观场馆与时间

序号	名称	地址	开放时间	具体集合参观时间
1	中共一大纪念馆	黄陂南路 374 号	9:00—17:00	5 月 16 日 13 点
2	上海交通大学钱学森图书馆	华山路 1800 号	9:00—16:30	5 月 17 日 9 点
3	刘海粟美术馆	延安西路 1609 号	9:00—16:00	5 月 24 日 13 点
4	苏州河工业文明展示馆	光复西路 2690 号	8:30—16:30	5 月 25 日 9 点

三、活动要求:

1. 党员及青年教师根据自己的教学工作时间安排,选择一个半天的时段参观一个场馆。

2. 5月11日周四前,各党支部和教工团负责完成报名,宣传教育处负责做好场馆预约。

3. 活动结束后分党支部和教工团开展参观感悟与体会交流。

2. 联动学生发展处和课程管理处,组织青年师生开展国家安全教育

新时代,市西中学充分认识到青年师生是国家的未来和希望,更需要增强国家安全意识,维护国家安全。为此,近几年来,宣传教育处积极联动学生发展处和课程管理处,每年组织开展国家安全教育日系列活动。2024 年,学校围绕"总体国家安全观,创新引领 10 周年"活动主题,组织开展了高一学生赴南京进行爱国主义教育考察和青年师生走访红色基地等主题活动。

为使学生更好地了解历史,缅怀先烈,追寻红色记忆,增强国家安全意识,2024 年 3 月,市西中学高一年级近 400 名青年师生前往南京考察。通过侵华日军南京大屠杀遇难同胞纪念馆、中国共产党代表团梅园新村纪念馆、雨花台烈士陵园等地的仪式教育以及学习周恩来精神、"创建周恩来班"等系列活动,教育学生铭记苦难历史,感悟民族精神,树立国家安全责任,激发勤奋学习的动力,从而汲取担当中华民族伟大复兴重任的磅礴力量。具体组织及活动计划见案例 3。

【案例3:2024年市西中学高一学生赴南京考察活动计划】

一、活动主题:循先辈足迹,担家国责任

二、活动意义

为使学生更好地了解历史、学习历史,缅怀先烈,追寻红色记忆、传承红色基因,组织全体高一学生赴南京考察。通过侵华日军南京大屠杀遇难同胞纪念馆、中国共产党代表团梅园新村纪念馆、雨花台烈士陵园等地的仪式教育以及学习周恩来精神、"创建周恩来班"等系列活动,教育学生铭记苦难历史,感悟民族精神,树立社会责任,汲取力量前行。同时将学生自主考察研究实践纳入南京考察,让学生在自主考察研究实践中,增强团队合作意识,培养自我管理能力,提升生存能力。

三、时间安排

2024年3月21日(周四)早上7:00出发,3月23日(周六)下午17:30抵沪。

四、活动内容

1. 仪式教育

(1)中国共产党代表团梅园新村纪念馆——瞻仰周总理铜像暨"学周创班"仪式;

(2)雨花台烈士陵园——祭扫雨花台烈士暨十六岁身份证颁发仪式。

2. 文化传承与集体参观

集体参观侵华日军南京大屠杀遇难同胞纪念馆、中山陵、南京总统府。

3. 课题研究与生存训练

学生以小组形式自定考察地点、自行设计路线、完成相关研究课题。

五、活动安排

日期	时间	地点	内　容
3月21日	7:00	乌鲁木齐北路	正式出发
	11:30	到达南京	
	11:30—12:30	统一安排	午餐
	13:00—15:00	侵华日军南京大屠杀遇难同胞纪念馆	参观侵华日军南京大屠杀遇难同胞纪念馆

续　表

日期	时间	地点	内　容
	15:00—17:00	雨花台	祭扫雨花台烈士陵园暨十六岁身份证颁发仪式
	18:00—20:00	夫子庙	学生自行安排晚餐并结伴夜游夫子庙、秦淮河
	20:30—21:30	酒店	入住
3月22日	7:00—8:00	酒店	早餐
	8:00—11:30	学生自主	研究性学习及生存训练活动
	11:30—13:00	酒店	午餐
	13:30—15:00	中国共产党代表团梅园新村纪念馆	瞻仰周总理铜像暨"创建周恩来班"仪式
	15:30—17:00	南京总统府	参观南京总统府
	17:30—18:00	酒店	晚餐
	18:15—21:00	酒店	中国共产党代表团梅园新村纪念馆老师讲课和"知南京、学党史"主题知识竞赛
3月23日	7:00—8:00	酒店	早餐
	9:00	酒店大堂	退房出发
	9:00—11:30	中山陵	游览参观中山陵
	11:30—12:30	统一安排	午餐
	17:00	学校正门	抵沪返家

六、安全与纪律要求

1. 考察活动要一切行动听指挥,自由活动必须按小组进行(每组5—6人,尽可能男女搭档),严禁单独活动。班级建立严密的信息联络网,以确保活动安全有序。

2. 安全第一,警钟长鸣。注意出行安全、注意饮食安全、注意住宿地安全;贵重物品和现金要自行保管好。

3. 就餐、活动前均要集队;集队要准时、迅速、安静、整齐;按指定位置就餐。

4. 参观、瞻仰、祭扫等活动均要注重礼仪,保持庄严、肃穆的氛围,不得喧哗。

5. 衣着整洁,仪表端庄。所有活动一律穿冬季校服(天气较冷),内穿礼服,带好秋季运动服。团员戴好团徽,同时带好雨衣、常用药品,带好洗漱用品、拖鞋、保温杯。

6. 团结互助,举止文明,礼貌待人,行走有序。活动中提倡节俭,注重个人和公共卫生,加强自我保护的意识和能力。

7. 带好身份证(备好电子身份证),笔和记录本,听报告、看展览要专心听、认真看,并做好记录。

8. 不带娱乐用品。

9. 严格准假制度。因病请假必须出具区级以上医院证明,因事请假必须附事假证明材料,各类请假由学生提出申请,必须有家长签名报各班班主任,再由班主任报教育管理处批准后方能生效。

七、准备工作

	时间	地点	人员	内容	负责人
第2周	周五(3月1日)	会议室	行政扩大会	完善并决定方案,确定随行人员	党政办
第4周	周二(3月12日)12:20	传家楼2楼接待室	班主任及随行教师	南京考察动员会	学发处
	周三(3月13日)17:00	传家楼2楼接待室	学发处和学生代表	落实南京考察相关仪式的主持稿、发言稿等事宜	学发处、团委
	周四(3月14日)18:30	8楼会场	全体家长	高一家长会	学发处、年级组
	周五(3月15日)13:40	8楼会场	年级学生	南京考察动员会	学发处、年级组
第5周	3月18—20日	各班教室	年级学生	南京考察前期准备,确定课题研究分组,确定寝室长、桌长	学发处、年级组
	周一(3月18日)12:30	力行楼210	文艺委员	学做绢花	学发处
	周一(3月18日)17:00	传家楼2楼接待室	主持人发言人	主持仪式彩排1	学发处
	周二(3月19日)17:00	传家楼2楼接待室	主持人发言人	主持仪式彩排2	学发处
	周三(3月20日)12:20—12:50	各班教室	学生	围绕南京历史、文化、环境、民俗等完善考察活动方案	班级

续　表

	时间	地点	人员	内容	负责人
	周四（3 月 21 日）早上 7：00	学校侧门	南京考察全体师生	正式出发赴南京考察	宣教处、学发处
	周六（3 月 23 日）下午 17：00 左右	学校后门	南京考察全体师生	返回上海	宣教处、学发处
第6周	周一（3 月 25 日）	大操场	全校	南京考察升旗仪式汇报	学发处、团委
	周五（3 月 29 日）中午 12：30	力行楼 208 - 2 室	高一各班	交个人活动小结 800 字（电子版）、填写考察手册、每班交 4 张黑底图文并茂 PPT	学发处

八、人员分工

（略）

维护国家安全，人人有责，青年师生更是责无旁贷，哪有岁月静好，只是有人负重前行。在日常教育教学工作中，教师不仅要牢牢把握正确的意识形态，做国家安全的守护者，还要指导好下一代坚定国家认同、担当民族复兴之责任，为党和国家培养合格的未来建设者和接班人。为此，宣传教育处多次联动学生发展处和课程管理处，组织开展青年师生走访市内红色基地活动。我们先后组织青年师生参观和走访过中共一大纪念馆、中共二大会址纪念馆、中共四大纪念馆、上海四行仓库抗战纪念馆、国歌展示馆、中央特科机关旧址纪念馆、中国社会主义青年团中央机关旧址纪念馆、上海毛泽东旧居陈列馆、中共上海地下组织斗争史陈列馆暨刘长胜故居等，青年师生们通过细致参观大量的珍贵文献、照片和实物，聆听讲解员的生动介绍，一方面深入地了解了党的波澜壮阔的革命历史，另一方面更加了解了新时代国家安全发生的历史性变革和取得的历史性成就，以此推动大安全理念深入青年师生心里、落地生根，从而树立坚定的总体国家安全观。

3. 联动教工团，组织青年教师开展城市漫步活动

上海这座城市有着特殊的历史和使命，上海的发展史可以说是"五史"的浓缩和生动体现，尤其是党史和改革开放史的辉煌历程所铸就的伟大精神的集中展现。身处这座伟大的

城市,我们要用心去品读这座城市,去真切感受上海发展的时代脉动,从而更深刻感悟并增强使命感、责任感。2024 年 3 月,为丰富青年教师文化活动,开阔视野,宣传教育处联动学校教工团组织开展"春之声"青年教师 CityWalk 活动,让青年教师更多地了解上海的优秀历史、人文底蕴,进一步增强城市发展的自豪感和幸福感,激发为这座美丽城市发展添砖加瓦的激情与活力。宣传教育处牵头设计主体线路,如【沪上繁花】线,即外滩 1 至 9 号—上海海关姊妹楼—和平饭店—外滩 27 号—外白渡桥;【樱花灿烂】线,即苏州河梦清园环保主题公园—天安千树—M50 创意园—艺博画廊—赛森艺术空间—上海纺织博物馆;【百年人文】线,即衡复风貌馆—柯灵故居—宋庆龄故居—武康大楼,共三条线路,探寻属于这些地方的优雅故事。应该说"春之声"CityWalk 活动内容丰富,是一次集自然生态、人文建筑、历史文化为一体的精彩行程。青年教师们不仅放松了身心,还获得了许多启发和灵感。大家纷纷表示,这样的文化体验活动不仅丰富了对城市的深度理解,还拓宽了视野,增长了知识,进一步增强了对城市发展的自豪感和幸福感,激发了为这座美丽城市发展添砖加瓦、共绘发展蓝图的澎湃激情与无限活力。具体见案例 4 所呈现的活动方案。

【案例 4:市西中学"春之声"教职工 CityWalk 活动方案】

一、指导思想

春之声,柳树沙沙、燕子呢喃。春之声,东风浩荡、浦江涌动。沪上繁花行,百年人文史。黄浦江、武康路、樱花树……接下来的上海,是无数次的春和景明。为丰富教职工文化活动,开阔视野,市西中学携手宁波银行静安支行开展"春之声"教职工 CityWalk 活动,一起走过这些熟悉的地方,再次探寻属于这些地方的优雅故事,让我们更多地了解上海的优秀历史、人文底蕴,进一步增强对城市发展的自豪感和幸福感,激发为这座美丽城市发展添砖加瓦的激情与活力。

二、活动线路与时间

时间	线路	内容	集合点	离开点
3 月 21 日上午 9:30	【沪上繁花】线	外滩 1 至 9 号—上海海关姊妹楼—和平饭店—外滩 27 号—外白渡桥	上海外滩气象信号台	外滩源附近

续　表

时间	线路	内容	集合点	离开点
3月21日下午13:30	【沪上繁花】线	外滩1至9号—上海海关姊妹楼—和平饭店—外滩27号—外白渡桥	上海外滩气象信号台	外滩源附近
3月22日上午9:30	【樱花灿烂】线	苏州河梦清园环保主题公园—天安千树—M50创意园—艺博画廊—赛森艺术空间—上海纺织博物馆	苏州河梦清园环保主题公园（普陀区宜昌路66号）	上海纺织博物馆
3月22日下午13:30	【百年人文】线	衡复风貌馆—柯灵故居—宋庆龄故居—武康大楼	10或11号线交通大学站7号口	武康大楼

三、活动说明

1. 每条线路配有专业导游，一路沿途详细介绍。

2. 每条路线步行1—1.5小时，外加30分钟品尝咖啡、聊天交流步行体会的时间。

3. 全校教职工根据自己可行的时间，在腾讯文档所列的四个时间段中选择其中一个时间段报名参加，报名截止时间为3月19日（周二）16:30前，党员和青年教师必须选择一个时间段参加。

4. 学校将根据四条线路的报名情况，有组织地安排车辆接送教师参加活动。

以上组织机制运行案例体现了市西中学对思想政治工作的高度重视，体现了以教师的思想政治素养提升引领带动学生思想政治工作的理念和策略，也体现了青年师生思政共育互促组织机制中的"联动性""实践性"和"精致性"。

（二）组织机制运行的关键

1. 党的组织领导

青年师生思政共育互促的组织机制运行，关键在于领导重视，强化党委领导，落实内容形式创新。组织青年党员学习，发挥青年党员的表率作用，必须把创新学习内容作为落实青年党员学习实效的一个重要方面。学校党委注重加强政治建设，认真开展政治学习和各项政治工作,引导青年党员教师坚决做到"两个确立""两个维护",切实贯彻落实中央的路线、方针、政策,五育并举、全面发展,为党育人、为国育才。党委利用每月一次的中心组学习、每两周一次的党员集中或分支部学习和周五教职工政治学习等载体,开展"五史"学习,引导青年党员凝心聚力谋发展。学校党委注重加强青年党员教师的思想建设,把所有青年教师紧紧凝聚在党组织周围,认真开展集中学习培训和主题教育。落实《2019—2023年全国党员教育培训工作规划》的实施方案,组织开展校本党委委员、二级党支部支委、党员集中学习和集中培训,加强理论和法规学习,提升青年党员教师的思想和素质。学校党委特别注重学习与实践有机统一,高度融合,精心设计学习活动方案,努力创新学习内容,在扎实学习中提升青年党员教师的党性修养,在具体实践和活动中提升青年党员的政治觉悟和责任担当意识。下文以2022年中共上海市市西中学委员会开展的"不忘初心育新人,勇担使命作表率——市西中学党委'学党章,知党史,守初心'主题系列活动方案"为例。

【案例5:不忘初心育新人,勇担使命作表率——市西中学党委"学党章,知党史,守初心"主题系列活动方案】

一、活动目的

2021年中国共产党成立100周年,2022年中共二大召开和首部党章诞生100年,而且即将迎来党的二十大的召开。为了推进学校党建,进一步加强党员队伍建设,学校党委将组织开展"学党章,知党史,守初心"主题系列活动,推进百年党史和党章的学、思、践、悟,提高认识,坚定信念、不忘初心、牢记使命、踔厉奋发,好学力行,奋楫争先,在学校深化教育综合改革和学术性高中创建中进一步发挥好党员的先锋模范作用,凝心聚力,落实立德树人根本任务,为党育人,为国育才。

二、活动安排

市西中学党委将于2022年8月启动"学党章,知党史,守初心"主题系列活动,将在2022学年里(个别活动将跨度到2023学年第一学期)开展以下两个方面六个项目活动。

(一)学党章知党史,坚定理想信念

1. 加强党史学习

推进百年党史学习活动,2021年校党委组织开展了35岁以下青年党员百年党史微党课评选活动,发挥好评选出来的优秀微党课视频作用,提供给各支部作为党员的学习资源,也扩大青年党员的交流展示与影响范围。

活动时间:2022 年 8 月

活动形式:自主学习青年党员的优秀百年党史微党课视频。

2. 品读体悟党章

抓住首部党章诞生百年契机,组织党员了解百年党史 18 部党章的发展历程,深入学习了解党的十九大通过的党章,开展党员代表品读党章分享活动。品读的党员代表由各支部推荐产生,主要是各支部中党龄最长的在职老党员代表和获得过市级及以上荣誉的优秀党员代表,总共 20 位党员代表,寓意积极迎接党的二十大。每位党员代表自主选择党的十九大通过的党章中的某一段内容,并联系工作实际体悟,形成诵读的文字,录制成 1 分钟左右的音频。在 8 月里做好相关人选、文字和音频的准备,9 月里进行后续的活动——全体党员欣赏品读音频,并交流为什么选读该段,一起重温学习党章,促进党章的学、思、践、悟;相关的文字和音频汇总形成推文,在“市西老家”微信公众号上分享。

活动时间:2022 年 8 月—9 月

活动形式:8 月 25 日前支委会确定品读人选;8 月底前品读人选选定党章内容、形成文字、录制音频;9 月党员大会共赏品读音频,交流选读理由;9 月在“市西老家”公众号平台上分享品读党章的文字和音频。

3. 讲述初心故事

继续以集体过政治生日的方式激励党员不忘初心、牢记使命,坚定信仰、永葆活力。党委将在迎庆党的二十大召开的过程中组织开展“讲述我的初心故事”活动,在党员学习会上,入党逢十周年的党员讲述当年入党的初心和现在的坚守,并给他们颁发入党逢十周年纪念牌。

活动时间:初定 2022 年 12 月

活动形式:集体过政治生日,讲述初心故事,视情况通过推文分享初心故事。

(二)勤实践作表率,践初心担使命

思想落在行动,学思践悟有机结合,一个党员一面旗帜,党建促进中心工作。校党委将积极创设载体、搭建平台,促进并展现党员在“双新”实验促进教育改革发展和学术性高中创建中的积极实践和风采。

1. 讲讲“我的育人小故事”

目的:促进青年党团员做教育的有心人,从感性开始逐步走向理性。

参与对象:“85 后”教工团的党团员(鼓励非党团员教工参加)。

要求:人人撰写教书育人、建班育人或服务育人中的故事,融入市西的教育价值追求、教育理念,融入教育情感,把教师对教育、对市西的热爱注入学生教育中,故事性强,生动感人,字数 1 000 字左右。

时间与活动安排:7 月底形成方案,8 月初布置撰写,8 月底在"青椒小组"进行交流并推荐好故事,9 月在"85 后"研修中交流并请专家点评,修改后的优秀育人故事在教工大会上交流并陆续在"市西老家"公众号平台上分享以及向教师博雅等平台推荐。

2. 展现"我(我们)的教育改革探索"

目的:促进全体党员带头积极走在教育改革发展的大道上。

参与对象:"85 前"所有党员,鼓励"85 后"党团员和第四支部党员积极参与。

要求:个人或团队总结自己在教育教学改革实践中的项目,形成案例故事,融理念、做法、成效于一体,体现"先进性、实践性、科学性"。如果是个人项目,字数 3 000 字以内。如果是团队项目,字数 5 000 字以内。每学年党员领衔或作为核心成员参与自主申报学校教学实践项目并经过专家评审立项的也算。

时间与安排:在 2022 学年两个学期里党员人人参与该活动,9 月份明确哪一个学期完成;第一学期的在 11 月初完成撰写并在支部里进行交流,推荐优秀的项目,将在教工大会上交流,也可能作为学术节交流内容,自己或团队也可以积极去有关杂志投稿;第二学期的在 2023 年 3 月底前完成,4 月在支部里交流并推荐优秀项目,同样择优在教工大会、学术节上交流。

3. 举行"德润课堂"党员校级开课月

目的:促进党员教师在主渠道中带头研究"双新",落实立德树人根本任务。

参与对象:所有党员教师。

开课课型:必修课、选择性必修、选修课、班级主题教育课(鼓励党员班主任双选)。

要求:在 2022 学年、2023 学年两学年的两个第一学期里,党员教师人人参与;教研组组内开课不算,要在校级层面开课(教研组内开课可以推荐到学校层面开课);鼓励与区级、市级及以上开课结合。

时间与安排:2022 年 9 月初以支部为单位明确党员开课的学期,选 2022 学年第一学期的党员明确开课的课型、初步的选题、班级等;9 月底形成党员开课月安排表;10 月作为开课月(选 2023 学年第一学期开课的,采用类似的时间节点操作),开课时本支部党员要积极参与听课(在全校发布开课信息,面向其他支部党员和教师开放);11 月进行支部内听评课交流(教研组内是否评课由教管处和教研组长定)。

三、活动保障

(一)组织保障：党委领导、指导，党支部、教工团组织，党政办公室、教育管理处、资源保障处、学生发展处协同。

(二)经费保障：视活动开展过程中的需要，提供必要的物资经费支撑。

(三)将每项活动的优秀材料形成集子、每项活动的优秀人事进行微信宣传、优秀的项目在学术节上进行评选展示，作为党员争创"先锋岗""示范岗""标兵岗"的基础。

2. 学习形式创新

青年师生思政共育互促组织机制的运行关键还在于学习形式上的创新。近些年来，市西中学在协同教工团和学生团组织力量、引领师生共同学习和实践、增强青年师生热爱国家的意识等学习和实践的机制运行上，努力开展探索学习形式的研究和实践，已经探索出一套具有市西特色的"师生共育"的学习与实践创新组织机制，即师生同"学"、师生同"思"、师生同"践"和师生同"悟"，机制运行稳健，深受青年师生喜爱，学习成效也很明显。

师生同"学"体现在青年师生都是学习者上。"学习"对于青年师生而言同样重要。作为青年学习者，学校十分重视青年教师的长远发展，学校党委指导校资源保障处组织开展"未来名师培养工程"学习培训，以"85后"教师为主，涵盖职初教师，系统构建青年教师思想政治建设培训方案。教师的成长是教育的基石，青年教师高尚的师德修养是助力学生更好地成长的必备基础，青年教师具备扎实的专业知识是落实课堂教学、推动师生共育互促的保障。不断学习的目的就是要培养青年教师一种自觉意识，让他们在日常的教育教学中，将培训所学融入课堂，根据学科特性渗透学科德育。

师生同"思"体现在发挥青年教师引领上。青年教师因为与学生年龄相仿，更能理解学生关注的话题，能够选择学生喜爱的视角切入话题，因此在学校"思维广场"等以讨论式开展的课程中，青年教师可以进一步发挥优势，与学生共同在"五史"学习中深入探讨。在"青年党校""青年团校"等课程中，青年教师能够抓住学生的困惑，从自身的经历出发，与青年学生共同思考，分享心得感悟，就感兴趣的话题展开探讨。经过几年实践，学校已经建构一支专业能力强、育人责任强的"青年讲师团"，他们活跃在周五学术探究日的微型讲座上、活跃在青年党校和团校的讲台上、活跃在年度新生入学教育的指导中、活跃在学生拓展性论文的指导中、活跃在思维广场和漫思实验室的教学中，由此形成的"青年讲师团"已经成为校园中的亮丽风景。

　　师生同"践"体现在青年都是探究者上。宣传教育处、学生发展处和课程管理处既关注学生课堂所学，更关注课堂之外青年师生研学"五史"的互动与实践。其中，教工团与学生团联动始终是市西中学团委工作的特色。在组织机制设计中，学校安排教工团支部书记兼任团委书记/团委副书记，在青年党校、团校，红色基地社会实践、团日活动等仪式教育中，在各类校园文化节日活动、学术活动中，教工团与学生团联动设计，青年师生总是一起设计活动方案、一起研究活动目标过程、一起克服困难和挫折、一起探索最佳学习路径和活动形式，青年教师始终发挥导师引领作用，共同参与学生活动，在实践中共同成长。

　　师生同"悟"体现在青年争做反思者上。市西中学在 2022 年提出创建学术性高中，更是鼓励青年师生在"五史"学习的实践感悟中进一步反思凝练，关注真实社会问题，通过"拓展性论文""模拟政协提案""文化游学"等方式开展课题研究，并通过"微型讲座""团日活动""学术节""拓展性论文开题结题答辩"等活动总结学习心得，分享体会与感悟。

　　组织机制运行中学习与实践形式的创新首先从青年教师"未来名师培养工程"启航，在学习理论的基础上，青年教师积极开展教学实践，指导学生课内落实学科德育，师生在思维广场展开主题研讨，师生欢度青年节日，师生开展社会实践，青年教师指导学生基于实践进一步反思总结分享，学校探索的这些运行机制在教育青年学生、引领青年学生健康成长上发挥了巨大的作用，取得了良好的效果。以组织开展"'价值追求'育学术素养，'好学力行'显青年风采——2022 学年第二学期'85 后'教师研修计划"活动为例。

【案例 6："价值追求"育学术素养，"好学力行"显青年风采——2022 学年第二学期"85 后"教师研修计划】

　　在《上海市市西中学"未来名师培养工程"35 岁以下青年教师培训方案（2020—2022）》基础上，结合学术性高中创建、学校龙头课题等工作要求，2022 学年第二学期拟聚焦"学术素养培育"和"有价值学习"，结合课例分析、育德案例撰写、课题项目研究等，进一步提升青年教师专业能力和综合素养。

　　在此基础上，根据学校 2023 年工作思路及发展要求，2022 学年第二学期拟围绕"课例分析与育德案例撰写""双新课堂教学研讨""有价值学习阅读交流""课题研究成果汇报""命题研究与评价反思"五个专题，通过分组研讨、沙龙交流、案例分析、实践反思等形式，开展研修。

研修培训计划安排如下：

2—3月：课例分析与育德案例撰写

（1）2月初，自主研修，查阅相关资料，确定选择主题内容，完成优秀课例分析或育德案例的推荐。

（2）2月中上旬，开展小组交流，各组形成课例分析或育德案例撰写的建议。

（3）2月中下旬，每位教师结合实践，完成一篇课例分析或育德案例的撰写。

（4）3月初，优秀课例分析、育德案例的大组交流与分享，并完成汇编。

3月：双新课堂教学研讨

（1）由教育管理处统一安排，开展"具有双新特征的教学设计"教学研讨课展示，开设研讨课的青年教师需在备课组或教研组内先进行2—3次磨课。

（2）全体青年教师须参加本学科相关磨课研讨，并完成至少2节本学科和2节跨学科的研讨课听课。

4月：命题研究与评价反思

（1）高考和等级考学科的青年教师以学科为单位，在组长指导下，结合各区二模卷开展命题分析与研究；体育、艺术、信息学科的青年教师，在组长指导下，结合双新实验和学术性高中的特征，对本学科学术探究日课程的评价内容和方式开展研讨。

（2）在命题研究基础上，考试学科青年教师在组长指导下，合作出一份模拟试卷；非考试学科的教师完成对本学科学术探究日课程的评价内容和方式的优化。

5月：在2—4月前期准备的基础上展开有价值学习阅读交流

（1）2—3月，自主阅读学习《从有效性学习走向有价值学习》，做好阅读笔记。

（2）3—4月，从"目的与动机""目标与结果""内容与形式""过程与成本"四个方面，选择一个角度开展"有价值学习"文献研究，结合文献和教育教学实际，撰写《浅谈对有价值学习的认识》。

（3）5月中下旬，在小组讨论推荐的基础上，开展大组分享交流。

5—6月：课题研究阶段成果汇报

（1）5月中上旬，自主研修，查阅相关资料，完成优秀课题研究成果报告推荐，开展小组交流，各组形成优秀课题研究成果报告撰写的建议。

（2）5月中下旬，2—3位教师合作，结合实践，完成一篇课题研究阶段成果报告撰写，开展跨组交流。

（3）6月中上旬，结合外出考察，进行课题研究阶段成果报告大组交流分享和专家指导。

第二节　青年师生思政共育互促的操作机制

在"双新"背景下，我们通过实践研究，基于育人方式转变的日常课程教学、参与体验创造的校园文化活动和考察调查研究的社会实践活动，建构了实践主导、多途径实施、课内外联动的青年师生思政共育的操作机制。

一、基于育人方式转变的日常课程教学

（一）国家课程课堂教学中的青年师生思政"共育互促"

课程是育人的重要途径，课堂教学是育人的主要阵地。聚焦核心素养培育的新课程、新教材的"双新"实验为"五史"学习教育提供了有利契机，为青年教师思政共育互促提供了实践机会和氛围。市西中学青年教师在学校育人目标和教育理念的引领下，德润课堂，积极把"五史"学习教育融入课堂教学，厚植家国情怀的同时，促进青年教师自身专业化发展。

1. 语文诗词教学中厚植中华文化根基

中华文明历经数千年而绵延不绝、迭遭忧患而经久不衰，这是人类文明的奇迹，也是我们自信的底气。其中，经典诗词是中华民族优秀的文化瑰宝，语文学科经典诗词的教学，是传承中华优秀传统文化的重要途径，也是青年师生在文化浸润品味中增强文化认同与自信的有效载体。

【案例7:扎根中华文化的学科德育——《念奴娇·赤壁怀古》教学实践】

一、教学设计:以经典诗词为媒，厚植文化根基

作为语文教师，我始终认为中华优秀传统文化是学科德育的重要载体。在《念奴娇·赤壁怀古》的公开课设计中，我以苏轼的词作为切入点，紧扣"文化传承"与"精神品格培育"两大目标，力图让学生在诗词鉴赏中感悟中华文化的深厚底蕴。

于是在设计这堂课的教学目标时,我从文化认同、哲理渗透和家国情怀三个角度出发,通过苏轼在逆境中创作的事迹,引导学生理解"穷且益坚"的文人风骨;挖掘词中儒家的入世情怀与道家的超脱智慧,引导学生体会中华文化"儒道互补"的精神内核;从"酹江月"的意象中,感悟个体命运与历史长河的融合,培养学生豁达胸襟与历史责任感。由此,逐步培养学生的中华文化认同感。与此同时,我也在思考如何保留"语文味",避免说教式的德育灌输,让一切自然发生。最后,我选择从诗词必然的"诵读"切入,采用"诵读感知——意象分析——情感共鸣——实践内化"的路径,让学生在语言品味中自然浸润文化精神。

二、课堂实践:在诗意中唤醒文化自信

课堂伊始,我以苏轼被贬谪黄州仍创作不辍的故事导入,激发学生对"文人风骨"的思考。学生齐诵全词后,我引用古人"铜琵琶唱大江东去"的评语,点明豪放词的气势与情感张力。一名学生分享朗诵脚本时的感受:"'乱石穿空'的铿锵语调,让我仿佛看到苏轼面对逆境的昂扬斗志。"通过诵读,学生不仅感受了音韵之美,更与词人的精神世界产生共鸣。

于是课堂自然而然地深入了文本,师生围绕"临江山——思豪杰——酹江月"三幅画面,开展层层剖析。从"大江东去"的雄浑意象中,学生解读出苏轼借假赤壁抒真胸襟的创作智慧,感悟"以景言志"的审美传统;通过对比苏轼与周瑜的人生境遇,学生发现词人既有"兼济天下"的儒家抱负,又有"人生如梦"的道家超然。我适时引入《前赤壁赋》中的"变与不变"哲理,启发学生思考如何在矛盾中实现精神超越。最后,在理解"人生如梦,一尊还酹江月"时,学生以祭酒动作演绎,切身体会苏轼将个人悲欢融入天地的豁达。一名学生感慨:"江月永恒,而人生短暂,但苏轼教会我在短暂中寻找永恒的意义。"

课后,我布置了"跨文本朗诵脚本创作"任务,要求对比《永遇乐·京口北固亭怀古》与《声声慢》。学生发现,辛弃疾的慷慨与李清照的婉约虽风格迥异,却共同彰显了中华文化的多元包容。这一设计让学生从单一文本走向文化全景,增强了对传统文化的整体认知。

三、成效与反思:文化育人的双向成长

这堂公开课给许多同学留下了深刻的痕迹,我常常在作文、周记、随笔中看到这份心灵的震荡,犹记得一名学生在一篇随笔中写道:"苏轼的豁达不是逃避,而是在认清现实后依然热爱生活,这不就是每一个生活着的我们吗?"我想,这便是以诗词为纽带,实现了文化浸润与德育渗透的自然融合,也是让学生从"知人论世"到"反观自身",完成了精神品格的隐性塑造。而在未来的古诗文课堂中,我也会进一步尝试引入一些当代青年传承文化的案例(如《经典咏流传》中的创新表达),让传统文化更贴近学生生活,引起共振。

此次教学实践让我深刻体会到,语文教学不仅是知识的传授,更是文化的扎根与精神的唤醒。当学生从苏轼的"江月"中读懂了中华文化的韧性,从"赤壁"的涛声中听见了跨越千年的精神回响,学科德育便真正落地生根。

——市西中学语文学科青年教师 孙安舣

2. 思政课堂教学中增进制度理解

思政课程是思政教育的主渠道、主阵地,是改革开放史和《习近平新时代中国特色社会主义思想学生读本》学习教育的重要渠道。思政学科教研组的青年教师,围绕学校党委"加强青年师生思政共育互促"的号召,积极展开课堂教学实践,取得了很好的成效。

【案例8:以青年教师师生思政共育互促视角重构"我国的个人收入分配"】

本堂课程内容为必修二《经济与社会》第四课第一框"我国的个人收入分配"。在本节课的设计中,从主题构思、框架设计、前期准备和课堂教学等多个环节着力贯彻落实大思政和新课标理念,以"师生共育互促"为主线,构建双向成长的课堂生态,探索青年教师与学生在思政教育中的协同发展路径。

其中,设计重点围绕共建大课堂、共研大资源和共创大担当三个方面展开。

一、师生共建大课堂:跨越传统课堂,拓展课堂边界

"大课堂"不限于教室内的教学,它鼓励将课堂学习与现实社会相结合,让学生在更广泛的背景中学习和思考。在本课的教学设计中,首先通过问题导入,引发学生思考我国收入分配的现状与挑战,关注当下社会的实际问题。其次通过设计"和睦村"的情境案例,让学生通过角色扮演的形式,模拟村民的收入来源和分配情况,帮助学生感知现实生活中的收入分配形式,增强课堂的互动性和参与感,同时使学生在身临其境中更加深刻地理解我国现行收入分配制度的具体内容和实施效果。最后通过带领学生探讨"和睦村"从贫困到富裕的转变,以及这一进程中收入分配制度和政策支持的作用,使学生能够更具体地理解收入分配制度与社会发展、民生改善之间的关系。这种课堂教学的拓展,突破传统单向讲授模式,即时反馈与知识重构的过程,使青年教师的教学智慧与学生的实践智慧产生深度交融。

二、师生共研大资源:整合教育资源,跨学科实践

"大资源"理念强调整合学校内外的各类资源,使课堂教学更加丰富和多元化。本课中利用了多方面的教育资源。首先,课程内容不仅涉及经济学的基本概念,还与社会学、政治

学紧密相关。通过跨学科的知识融合,学生能够更全面地理解收入分配制度的多维度特征。其次,和睦村收入分配示意图等实践资料,帮助学生更好地理解我国个人收入分配的不同方式及其背后的社会机制。这些"真实"资料的应用,充分展示了如何利用外部资源来深化课堂教学,使学生更直观地看到我国收入分配制度的实施效果和存在的问题。除此之外,学生课前提供家庭收入分配信息,共同绘制"上海家庭收入分配来源图",丰富课堂资料。学生在自主编剧过程中发现"直播助农收入提成机制"与教材中"按生产要素分配"的关联性后,教师及时调整教学设计,将这一鲜活案例纳入课堂研讨。这种师生互为师者的资源开发过程,既提升了学生的学术探究能力,也促使青年教师突破学科思维定式。

三、师生共创大担当:担当社会责任,实现精神共育

"大担当"旨在强化学生的社会责任感和历史使命感,特别是在思政课程中培养学生的家国情怀和社会担当。课程中,一方面通过"村支书"有话说的视频,结合"劳动致富"的主题,引导学生认识到每个人都可以通过自己的辛勤劳动、诚实劳动、创造性劳动实现自身价值,并在这一过程中为社会发展贡献力量。另一方面,通过"和睦村"的发展经验,分组讨论总结,有同学主动提及"上海"在国家推动共同富裕中应起到带头和托底作用,更认识到收入分配制度的完善,不仅仅是国家和政府的责任,每个人包括高中生都应积极参与其中,为国家的发展贡献力量。这种理论与实践的双向奔赴,使青年教师的政治素养与学生的家国情怀同步提升,在共研共享中深化对"劳动创造幸福"的价值认同。

四、反思与提升:构建新型师生发展共同体

这节课通过情境教学、跨学科融合等多种方式,推动师生共育互促的新型发展共同体的发展。本课的创新实践表明,青年教师与学生的共育互促机制具有三重价值:教学相长的认知增值效应、教研互促的能力提升效应、价值共构的育人增效效应。未来需在三个方面着力突破:建立师生联合备课制度,构建"双师型"课堂生态,邀请各行业青年代表参与课堂讨论;开发师生共研数字平台,打造持续性学习社区;完善师生成长性评价体系,量化记录思政素养的共育轨迹,形成可复制的思政课师生发展共同体模式。

——市西中学思政学科青年教师　王晨曦

3. 历史学科教学中促进铸魂培根

历史学科是"五史"教育的天然而重要的载体途径,培育"家国情怀"是历史学科教学的核心素养之一。加强历史学科教学实践研究,促进历史学科教学过程中的青年师生教学互

动,是青年师生思政共育互促、培根铸魂的重要途径。

【案例 9:"以史育人·培根铸魂":"五史"教育融入历史课堂——以"五四运动与中国共产党的诞生"为例】

"五史"是中学历史学科教学的重要教学内容,是落实历史学科"家国情怀"素养培养目标的重要载体,更是应对历史虚无主义、培养时代新人的必然要求。如何在历史课堂教学中落实、深化、创新"五史"教育,对培育学生的历史意识、爱国情怀与社会责任感发挥着关键作用。作为青年教师,我深感在高中历史课堂教学中,应积极整合"五史"教育内容,丰富教学方法,将"五史"与教材内容有机结合,落实立德树人这一教育根本任务。

一、历史学科是"五史"教育的重要阵地

"五史"教育以党史、新中国史、改革开放史、社会主义发展史、中华民族发展史为核心,其本身即以历史知识为对象,通过系统梳理中国历史尤其是近现代中国历史演进的主线逻辑,强化青少年对国家发展道路、制度优势与文明传承的深层认知。从学科本质层面来看,历史学科的研究对象与讲授内容本身涵盖了"五史"教育的主要内容,统编版《中外历史纲要》及选修和必修教材中以"通史+专题"的形式基本囊括了"五史"教育内容。

同时,"五史"教育并非只是对历史知识的整合,更是对历史观、价值观的引导,是对中国历史发展脉络的深度梳理与价值阐释,这为历史学科教学提供了理论指导与思想引领,也与历史学科的课标要求深度契合。《普通高中历史课程标准(2017 年版 2020 年修订)》指出中学历史课程承载着历史学的教育功能,高中历史教学应做到以史育人,使学生认识中华民族多元一体的历史发展趋势,增强学生对祖国、中华民族、中华文化、中国共产党、中国特色社会主义道路的认同,树立中国特色社会主义道路自信、理论自信、制度自信、文化自信。历史学科新课标明确了高中历史课程"五史"教育的内容与目标,二者共享"以史为基"进而"以史育人,培根铸魂"的核心属性。

基于"五史"教育与历史学科教育内容、育人目标的深度耦合,历史课堂的学科综合特性可以有效落实"五史"教育。历史课堂为"五史"教育提供丰富的历史事实、历史细节、史学史料与历史解释,学生在历史课堂中研习"五史"内容时,将运用历史学科的核心思维方法,通过时空定位构建事件关联,通过因果分析提炼历史规律。这一过程使"五史"教育自然融入历史认知体系,使学生对"五史"的学习与体会根植于对历史逻辑的自主探究、因果推理与意义阐释,通过学科思维的训练潜移默化地树立正确价值观念。因此,历史学科不仅是"五史"教育的内容载体,更为"五史"教育提供其特有的认知范式。

二、历史课堂实践"五史"教育的实践案例:以"五四运动与中国共产党的诞生"为例。

"五史"教育内容虽然各有侧重,但中国共产党的领导对"五史"教育有着提纲挈领的作用。而"五四运动与中国共产党的领导"一课是党史、新民主主义革命史的重要板块,五四运动是近代中国一场具有划时代意义的事件,标志着新民主主义革命的开端,是中华民族走向伟大复兴的历史起点。中国共产党的成立,是近代历史上开天辟地的大事,自从有了中国共产党,中国革命的面貌焕然一新。因此,本课深刻反映了"五史"的内容与要求,要求教师讲好党史,厚植家国情怀。

(一)课堂导入:历史的回声与时代的新声

展示1919年5月4日北京学生在天安门前游行示威的图片与2021年7月1日青年学生在天安门广场庆祝中国共产党成立100周年的照片,引导学生得出两幅图片的关键词"青年""天安门广场""发出时代声音"。借用两幅图抛出问题:"你要成为一个怎样的青年?如何度过自己的青春?"让我们回顾一百多年前青年的青春梦想,再得出我们作为当代青年的答案。

(二)授课环节

1. 从悲鸣到呐喊:五四运动与民众的团结抗争

首先,展示史料蔡济民、傅斯年等文章节选,引导学生概括五四运动爆发的背景,其导火索为中国在巴黎和会上的外交失败。其次,请一位同学扮演顾维钧的角色并进行在巴黎和会上拒绝签字的演讲,体会人物情感,进一步感受五四运动爆发前的国内社会心态。最后利用《全国同志莫被日奴耻笑》《工商学打倒曹陆章》两幅漫画,调动学生分析漫画中的历史信息:五四时反抗的对象有哪些?抗争手段有哪些?三个拳头为什么砸向曹陆章?在漫画中能感受到怎样的斗争精神?通过问题的递进设置带领学生梳理五四运动的发展,认识其斗争对象与各阶层表现,体会运动过程中的斗争精神,培养学生的家国情怀。

2. 从迷茫到抉择:马克思主义与救国的新方向

首先,展示陈独秀《谈政治》一文的节选,引导学生分析其质疑"资本主义制度能否救中国",继而展示李大钊的《中国的社会主义与世界的资本主义》,提问学生李大钊认为要实行社会主义的原因有哪些?其次,展示马克思主义学说在中国传播的情况表格,引导学生思考马克思主义在中国传播的特点,即传播逐渐走向大众化、得到了广泛传播。通过上述教学环节,学生直观认识到五四运动带来了觉醒与启蒙,五四运动后马克思主义在中国得到了广泛的传播,为中国共产党的成立奠定了思想和干部上的基础。

3. 从分散到凝聚:中国共产党的崛起

首先,展示中国共产党与中共一大相关纪录片,请学生从中总结中国共产党成立的条件与过程。其次,展示中国共产党早期组织分布示意图,教师结合地图讲述中国共产党的成立过程。最后,展示历史材料文章节选,引导学生分析为什么历史和人民会选择中国共产党?师生共同得出中国共产党的成立是开天辟地的大事,引导学生分析中国共产党成立使中国革命焕然一新,"新"在哪里?通过上述环节,学生能很自然地认识到:到20世纪初选择由中国共产党来领导中国革命是中国各阶级阶层无数次探索失败后的历史的选择,中国共产党的早期历史也是中国革命力量从量的积累到质的演变的必然结果。

三、总结

"五史"教育与历史课堂的深度融合,是新时代历史学科践行"立德树人"使命的关键路径。面向未来,"五史"教育对历史课程教学提出了更高要求,教师应明确教学目标,重视教学内容设计,充实"五史"知识;应积极寻找相关资源,引入多样化教学资源,拓宽学习渠道;应注重设计多样化的学习任务,调动学生的主体性与积极性,提高其对"五史"的理解能力与认识水平。唯有让历史课堂既扎根教材又观照现实,方能培养出兼具历史智慧、理论自信与实践担当的时代新人,这一探索既是历史学科本位的回归,更是对中华民族伟大复兴教育使命的坚定应答。

——市西中学历史学科青年教师　田诗

4. 自然学科教学中融入科学史实

科学精神、创新精神等是"五史"过程中锻铸的重要精神,也是中国不断发展强大、中华民族伟大复兴的重要支撑力量之一。在物理、化学、生物等自然学科教学过程中,青年教师有意识地融入中华民族科学发展史相关资料和科学家精神,这是青年师生思政共育互促的重要载体与体现。

【案例10:萃取文明之光,铸魂科学脊梁——以中国科技史为脉络的高中化学情境教学探索(片段)】

一、引言

在高中化学沪科版教材必修一第一章"物质的提取与分离"这一知识点的教学中,我巧妙地融入了屠呦呦提取青蒿素的卓越贡献,以青蒿素的发现与合成为核心知识点,融入屠呦呦团队的研究历程、中国古代医药典籍《肘后备急方》的启发,以及现代中国科学家精神的渗透,构建"历史—科学—人文"三位一体的教学情境,旨在使学生深入理解物质提取的基本方法,了解"萃取"方法,并激发他们对化学学科的兴趣,引导学生体会化学学科在中国科技发展中的独特贡献,由此增强民族自信心和自豪感。本文将详细阐述这一教学设计的实施过程。

二、教材与知识点背景

"物质的提取与分离"是高中化学中的一个重要知识点,它涉及了化学原理、实验操作以及实际应用等多个方面。传统的教学方法往往侧重于理论知识的灌输和实验操作的训练,而忽视了对学生科学素养和人文情怀的培养。为了改变这一现状,我引入了屠呦呦提取青蒿素的案例,这一案例不仅具有生动性和具体性,还蕴含着丰富的科学精神和人文价值。

三、教学设计思路与实施过程

1. 情境创设:历史典籍中的化学密码

【投影】《肘后备急方》中关于青蒿治疟的古文:"青蒿一握,以水二升渍,绞取汁,尽服之。"

【视频】播放一段关于屠呦呦因提取出青蒿素而获得诺贝尔生理学奖或医学奖的视频。视频中,屠呦呦教授慈祥而坚定的形象深深印刻在学生的心中,她的事迹如同一股清泉,滋润着学生们年轻而求知若渴的心田。

同时,我结合图片展示、故事讲述等方式,让学生身临其境地感受到屠呦呦提取青蒿素的艰辛和伟大。"青蒿本异草,呦呦闻鹿鸣,2015 年 10 月 5 日,是一个值得我们骄傲的日子,屠呦呦教授以青蒿素的提取,成功抵抗疟疾、挽救无数人生命为由,荣获诺贝尔生理学奖或医学奖。"这样的引入不仅让学生感受到了化学世界的奇妙与和谐,还增强了他们的民族自信心和自豪感。更重要的是,它体现了中国在现代科学领域取得的重大成就,是科学发展史中的一个重要里程碑。

2. 角色代入:假如我是 20 世纪的科研攻关者

【模拟实验设计】学生以屠呦呦团队视角,尝试解决"青蒿素水溶性差"的问题。教师提供乙醚、乙醇等溶剂性质表,引导学生结合"相似相溶"原理设计提取方案,对比古籍"水渍法"的局限性,体会科学传承与创新的关系。

	水	乙醚
青蒿素溶解情况	不溶	可溶
沸点	100℃	34.6℃

【渗透精神教育】插入20世纪70年代科研条件的影像资料(简陋的实验室、疟疾病例数据),讨论"为何在艰苦条件下仍要坚持研究",提炼家国使命、科研伦理等精神内核。

2. 物质提取的一般思路:屠呦呦提取青蒿素的过程

在该教学环节中,我请学生带着几个问题再次观看这段视频:

① 提取青蒿素的过程中,屠呦呦经历了哪些尝试?

② 屠呦呦改进提取方法的依据是什么?

③ 屠呦呦是如何成功提取青蒿素的?

④ 从屠呦呦的事件中你有什么感受或启发?

学生在观看视频的过程中,认真记录了屠呦呦的每一次尝试和每一次改进。他们被屠呦呦教授坚持不懈、勇于探索的精神感动,也被她的成就震撼。随后,我引导学生进行讨论和交流,让他们逐步探究屠呦呦提取青蒿素的过程,并归纳总结物质提取的一般方法——"确定目标产品、选择原料、确定提取原理、设计提取路径、设计提取装置、分离提纯产品"等步骤。

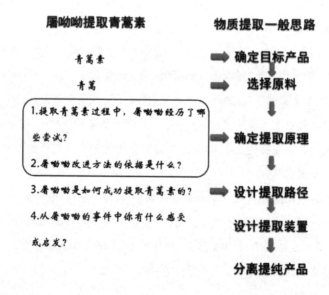

3. 结合中国科技发展史与科学家精神的教育

在教学过程中,我不仅注重化学知识的传授,还注重结合中国科技发展史与科学家精神的教育。我向学生介绍了屠呦呦教授在研究青蒿素过程中所经历的种种困难和挑战,以及她如何凭借坚定的信念和不懈的努力最终取得成功的故事。这些生动的故事不仅让学生感受到了科学家精神的力量,还激发了他们热爱科学、追求真理的热情。

同时,我还引导学生思考中国科技发展史中的其他重要里程碑事件,如载人航天、高速铁路、量子通信等。这些成就不仅展示了中国科技实力的不断提升,也体现了科学家精神在中国科技发展中的重要作用。通过这样的引导,学生更加深刻地认识到了科学家精神的价值和意义,也更加坚定了他们投身科学事业的决心和信念。

四、结语

"萃取文明之光",是让化学课堂成为连接古今的桥梁——从《肘后备急方》的智慧碎片中提取科学灵光,在青蒿素的分子结构中解码千年文明的馈赠;"铸魂科学脊梁",则是让科学家精神浸润学生心田——以屠呦呦"甘坐冷板凳,敢为天下先"的坚守为镜,锻造新时代青年的担当与信念。这堂课不仅是一次化学知识的传递,更是一场跨越时空的精神对话。当学生思考青蒿素提取实验时,他们沉思的不仅是乙醚与青蒿叶的相遇,更是中华文明生生不息的创新脉搏;当他们在讨论中思辨传统医药的价值时,激荡的不仅是科学理性的火花,更是文化自信与家国情怀的交响。正如青蒿素的诞生既源于一捧草叶的淬炼,也离不开科学家心血的凝聚,中国科技的崛起之路,终将由每日的课堂中萌芽的科学素养与精神火种照亮。而这,正是"以史为脉、以人铸魂"的化学教育最深沉的力量——让文明的火光永不熄灭,让科学的脊梁永远挺拔。

——市西中学化学学科青年教师　胡佳

(二) 人文学科思维广场教学中的青年师生思政共育互促

日常课程教学中的青年师生共同自主讨论,是青年师生思想政治共育的重要载体。在转变高中育人方式的教育改革实践中,我们以教学空间变革引导教师的教与学生的学的方式变革,先后推出了思维广场教学和漫思实验室教学模式。在讨论主题的自主选择中,师生、生生自由讨论、平等互动交流。特别是思政课在思维广场中议题式的教学模式和语文、英语、政治、历史等人文学科在思维广场中跨学科融合式的教学模式,给青年师生思政共育提供了很好的载体,师生共同出题然后展开思辨讨论,青年教师借此更好地了解学生的所思所想,在文史哲的世界中旁征博引,树立家国情怀。学生的个性化分享也拓宽了青年教师对这一话题的视角,有助于其进一步了解学情。

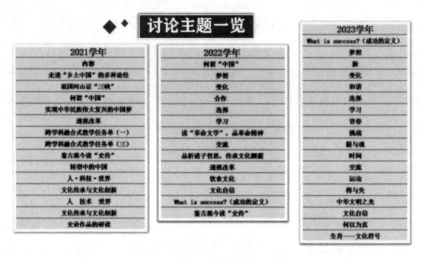

图 2　2021—2023 学年跨学科融合思维广场主题一览

1. 以系列化的讨论主题厚植家国情怀

从跨学科融合式思维广场教学讨论主题来看,思维广场课程设计聚焦学生能力、素养和思维品质的锻炼,围绕"中华传统文化""中国的发展与转型""中华民族伟大复兴的中国梦"等主题,厚植家国情怀,促进学生提升使命感与责任感;同时"变化""成功""得与失"这些具有思辨性的主题,从高中生感兴趣的话题出发,培养青年人的辩证唯物史观,提升青年人的辩证思维、系统思维、历史思维、创新思维等思维方法与思维能力,用客观全面、联系发展的观点方法看待事物与现象,把握历史发展规律和大势,判断是非、看清本质、辨明方向,从而坚定理想信念。案例 11 呈现的是"中华文明之光"这一次跨学科融合思维广场任务单的设计思路、学习目标、讨论方向及部分讨论题。

【案例 11:中华文明之光——思维广场人文学科跨学科融合式教学任务单】

导言:

人生于当下,却无往不在传统之中。

设计思路：

通过对这一主题的交流学习，意在深化学生对中华传统文化的认识，强化传承中华优秀传统文化的意识，增强文化自信。通过讨论学习，理解中华文化中的价值观念、社会理想、思维方式和行为模式等，切入传统文化的思想根基和精神内核。

学习目标：

通过讨论和学习，理解中华传统文化的一些重要理念，认识其表层内涵与文化价值，形成对传统文化的理性热爱，自觉维护和发扬"中华文明之光"。

一、预学任务

"光"有光源。你认为"中华文明之光"的光源可能由哪些内容组成？

二、讨论方向及部分讨论题展示

（一）以"溯源"方法，看"中华文明之光"

无论是《论语》《孟子》《庄子》，还是《左传》《史记》，这些作品距今都已有千年历史，为何我们直到现在还要去学习？

（二）以"比较"视野，看"中华文明之光"

1. 关于除夕究竟吃饺子还是汤圆，曾引发网络热议甚至争吵，中国传统节日表现出差异的现象还有很多。对此，你怎么看？

2. 韩国首尔大学名誉教授赵东一最近在其出版的《东亚文明论》一书中提出汉字属于东亚文明的共同财产，并强调东亚的几个国家同属汉字文化圈。赵东一在书中对东亚文明的儒、道、佛进行了说明。他在第一章就提出一个容易引发争议的问题——"孔子是哪国人？"他解释说，孔子原来是鲁国人，500年后成为中国人，又过了500年成了东亚人，现在是要让孔子成为世界人的时候了……（摘自2010年7月13日《环球时报》第3版。）

讨论：你如何看待孔子从"鲁国人"变为"世界人"？

（三）以"反思"精神，看"中华文明之光"

1. 有人认为，中华文明之光是今天的指引；也有人认为，抛去文明的负累，才能轻装向未来。对此，你怎么看？谈谈你的认识与思考。

2. "观今宜鉴古，无古不成今。"（《增广贤文》）流派众多的诸子学说，浩如烟海的古代史籍，都是弥足珍贵的文化遗产。深刻体悟前人的智慧，才能更好地把握当下与未来。孟子劝说齐宣王"发政施仁"，认为"推恩足以保四海"。他对实现理想社会的设想，在今天看来有什么可借鉴之处？又有哪些不足？（学生出题）

3. 王德峰教授指出："……凡是能够体现凝聚中国文化、中国文化精神的汉语的词语，没有一个能被翻译成欧洲语言。"如何看待"中西方文化差异的根源在语言"这一观点？原文中后续以"缘分"一词举例论证，还有没有什么例子能够印证（或驳斥）这个观点？（学生出题）

——市西中学高一语文、英语、政治、历史备课组

2. 师生互动探讨激发高阶思维的养成

值得一提的是，目前在跨学科融合式思维广场教学的备课团队中，四门学科都以青年教师为主负责出题、教研与授课。青年教师在上课过程中不断从学生的讨论中加深自己对某一话题的理解，达到教学相长的效果。

以案例 12 为例，学生将自己感兴趣的话题提供到思维广场作为讨论题出现。在讨论的过程中，政治老师聚焦"文化自信"这个切入口展开教学，同学们围绕着"中西方文化差异的根源在语言"这一观点展开热烈讨论，在思辨中对中西方文化的差异有了更加具象的认识，而教师在聆听、汇总学生观点的基础上也提出了自己的观点，并激发学生对这个话题进行更深层次的讨论和研究。

【案例 12：中华文明之光——思维广场跨学科教学讨论的教师小结】

本次主题是"中华文明"，政治学科的目标就是让学生正确认识中华文明，在比较中甄别，在反思中进步，不忘本源，立足当下，开拓创新，从而坚定文化自信。

文化和文明一定是有载体的，所以无论是学生出题还是教师出题，都是通过某种载体，比如不同时期、不同国家的语言、器物、习俗、制度去分析中华文明的内涵和价值以及创新的意义。

一定程度上，政治学科在思维广场中往往肩负着拔高立意以及为学生提供正确方法论工具的作用。

在本次讨论中，有这么一道题引起了同学们的激烈讨论。这是一道学生出的题。

王德峰教授指出："……凡是能够体现凝聚中国文化、中国文化精神的汉语的词语，没有一个能被翻译成欧洲语言。"如何看待"中西方文化差异的根源在语言"这一观点？原文中后续以"缘分"一词举例论证，还有没有什么例子能够印证（或驳斥）这个观点？（高一（1）班史雨驿出题）

王德峰教授认为,人类对世界的经验和理解都是在语言中;最基本的生存感情也是在语言中。他以"缘分"这个词为例,指出其一层意思是表达了"偶然性",另一层意思指"必然性",一定会遇到的。这个词翻成英语是"lucky(幸运)",只强调了偶然,没有必然的含义在内。所以他指出中西方文化差异的根源在于语言。

这个问题引发了同学们的激烈讨论,他们对教授的观点有不一样的看法,虽然出题的同学只选取了王德峰教授的一部分观点,但是讨论的同学在课前准备时就已经查阅了大量的资料,完整地阅读了王德峰教授的这篇文章,提高发言质量的同时也避免了"坐井观天"的误区。

通过激烈的讨论,大家都普遍认同,语言是思想的载体,最能反映一个人和民族的文化特征、思维方式和价值观念;但是大家的主要分歧点在于,语言是文化差异的原因,还是文化差异的结果;是差异的根源还是原因之一?

在讨论的最后环节,教师在听取、汇总同学观点的基础上也提出了自己的观点,中西方文化差异的表现当然也能在语言上得到体现,但是语言又是如何形成的呢?同学们迅速抓住教师的这个问题,马上又展开了新一轮的讨论,甚至可以通过中文和英文对同一词的不同解释和描述来作为论据。虽然最后时间不够,但是所有人都觉得意犹未尽,甚至还有很多同学在课后自发地组成讨论小组接着"辩驳",这也是融合思广的价值所在。

3. 课堂生成性地感受分享,真实、生动地呈现育德成效

在跨学科融合式思维广场教学的讨论中,经过四门学科、七个场次的讨论,学生围绕同一主题,进行不同视角、不同学科的探讨后,对主题的理解会更有深度。如案例13呈现的情况,在一场以"青春"为主题的跨学科融合思维广场的讨论中,学生在最后一场讨论题中,探讨五四运动对中国社会产生了怎样深远的影响。经过热烈的讨论后,一位同学有感而发写出了即兴诗词,以此表达对五四运动中青年责任担当、勇敢追梦的肯定,也与在场的青年师生共勉,为此次跨学科融合式思维广场的讨论画下完美的句点,这些话才是真正反映学生所思所想的真话,生动地呈现出了育德成效。

【案例13:一次思维广场跨学科融合式讨论的实录节选】

五四运动让近代中国看到了青春的力量。你觉得五四运动对当代青年的影响是什么?五四运动中青年的思想和文化观点如何对中国社会产生深远的影响?

实录节选：

A同学：五四运动让我们看到了青年的力量,特别是青年一代心怀家国天下的责任担当。我想今天我们也要带着这份责任感努力学习,认真生活。

B同学：五四精神里面第一个词就是爱国。这也是百年前的青年打动我的地方。不论何时何地,我们都要传承这份爱国精神。

B同学：今天我们讨论了一上午的青春,现在是最后一场讨论的收尾了。我有感而发,写了一首诗送给大家,也送给我们的青春,祝愿大家的青春都能肆意洒脱,勇敢追梦。

案前青灯照辛勉,梦回浮华醉流年。

寒窗望月寄凌云,荆棘载途且试剑。

4. 聚焦学生作为"人"的发展,助力学生的成长成才

许多学生毕业后都会怀念在思维广场课堂中讨论和交流。案例14和案例15分别呈现了学生视角、教师视角对思维广场教学的印象。从中可以看到,不论是青年教师还是学生,都在这样的课堂中,学会了如何思考,如何选择,如何成长为一个对自己、对社会、对国家有用的时代新人。

【案例14：一位毕业生对思维广场课程的回忆】

市西另一独特之处——思维广场,同样对我有深远的影响。黑塞借悉达多之口说,知识是可以分享传播的,但智慧是不能的。人只能自己探索、体验,才能获得智慧。传统的课堂用以分享知识,而思维广场就恰好为学生提供了求索以获得智慧的平台。我阅读、用互联网检索信息、思考,在讨论室里和同学们分享我的思考,或认可彼此的观点或因此争论不休。有时我会想起《论语·侍坐篇》所展现的千年前孔子的课堂,一个问题阐发出自由活跃的讨论,学生可以反驳老师也可以自由争论。印象最深刻的是我们用了一整个学期的语文思维广场研讨《围城》,分析对比其中精妙绝伦的比喻,拿中外各路名家的理论拆解书中情节。在思维广场,智慧如何萌生,有了具体的声响,我们都听到了。

老师们没有逼迫我成为一个浸淫题海、熟稔题型的学生,而是让我自己选择,自己承担选择带来的结果——这是一种尊重的教育。正是因此,应试的压力没有磨灭我学习的兴趣。在高考结束那天,我开始学习德语,最后来到了德国读书。也正是因此,我可以有勇气选择我高中时期最不擅长的数学作为我的专业,我从头学起,最终我的小论文获得了近乎

满分的成绩。也正是因此,我在兼顾学业的同时也没有放弃爱好,我走进剧场音乐厅,学习新的语言,依然读书背诗,五洲游展,世界真正地展开在我面前,而这一切起源于我的高中时代。

<h3 align="center">【案例15:青年教师的感受体会】</h3>

高中阶段是影响着学生成人、成才的重要阶段,学校、老师、同学都会成为学生今后人生路上的重要烙印,渗透进学生的血液,成为重要的一部分。

市西中学注重培养"会选择的人""为自己负责的人"的理念,会在每一位市西学子身上开花、结果,也许这朵花开得晚、那颗果结得早,但终将硕果累累;而"超越功利"的学习,让学生们能更清醒地发现自我、成就自我,如若一切为了分数、为了功利,是断不会有像这位同学今天这样,充满着对自我的肯定、对世界的关注与对生活的无限热爱的。能够大胆追逐自己的理想,能够去实践、去闯荡,这不正是因为市西这片沃土不断滋润培养而实现的吗?

"好学近乎知,力行近乎仁""好学不倦勤攻错,力行不怠贵自强",无论是千百年前孔子的箴言,还是校歌中的经典传唱,"好学力行"终将成为一代又一代市西人的名片,向着美好的未来不断前行。

(三) 选修课程社团课程教学中的青年师生思政共育互促

在每周五下午学术探究日课程中,语文、政治、历史、地理等教研组的青年教师积极开设选修课,如"中华文化探源""时光里的上海历史研究""过去的声音——口述史研究""当代国际政治与国际热点问题""疯狂地理研究院""上海博物馆文物鉴赏""魏晋风度与《世说新语》"等课程,多渠道带领学生学习"五史",共同展开讨论探究。青年教师鼓励学生将课堂所学进一步延伸,以拓展性论文的方式开展学术性探索。还有部分青年师生在高校和科研院所教授、专家们指引下积极展开一些兴趣领域的前沿学习与研究,为成为拔尖创新人才储能。

目前,市西中学选修课指导老师中青年教师有 39 位,占比 81%。社团指导老师中青年教师有 27 位,占比 69%。其中由青年教师带队的思政类社团:模拟政协、辩论社,艺术类社团:合唱社、管乐队、音乐剧社,传统文化类:国风社、易学讨论社、城市文化社,都体现了青年教师引领青年学生志趣发展,弘扬传统文化,加强思政引领。

1. 有深度的选修课,更轻松的授课氛围

以"古代中国哲学"这一门课程的设计开发方案为例,青年教师结合自身专长及兴趣,担当了中华传统文化的分享使者,课程设计具有思想深度,让学生从哲学层面理解古代中国,从而理解中华文化璀璨的根脉。同时青年教师发挥自身优势,以阅读、讨论、交流、分享、写作等多样的教学方式开展,注重启发式教学,培养和提高学生理论分析能力和逻辑思维能力,激发学生对传统问题做现实思考。

【案例16:"古代中国哲学"课程开发总体设计】

一、课程情况说明

(一)所属核心课程:哲学与方法

(二)课程名称:古代中国哲学

(三)课时:8*2

(四)地点:教室

(五)必需设备或资源:ppt、黑板

二、总体思路说明

(一)课程总目标

通过本课程的学习,使学生了解中国古代哲学基本流派与代表人物的核心观点,掌握中国古代哲学产生背景与发展演变趋势,理解哲学是古代中国文化的凝练,通过哲学更好地理解中国历史,从而使学生在思维方式、价值体系、精神修养、审美情趣等方面获得借鉴与启示。

(二)主要内容框架

1. 孔子:第一位老师

2. 墨子:孔子的第一个反对者

3. 儒家的理想主义派:孟子;儒家的现实主义派:荀子

4. 老子自然无为的智慧、庄子自由之境界的浪漫高吟

5. 韩非与法家

6. 西汉儒学略论与董仲舒的思想

7. 新儒家:理学

8. 新儒家：心学

（三）教学开展或组织形式：阅读、讨论、交流、分享、写作

（四）要求

1. 注重启发式教学，培养和提高学生理论分析能力和逻辑思维能力。

2. 教学中，在介绍基本知识点的基础上，尽可能联系学术前沿和现实问题，对传统问题进行再思考、再分析，激发学生对传统问题做现实思考，发掘传统理论中固有的价值和意义。

（五）最终学习成果及水平

1. 对中国哲学的概念、特点及演变发展过程有准确把握。

2. 掌握中国古代思想基本流派、观点和代表人物：儒家、道家、法家、墨家，了解佛学本土化的过程，懂得儒学在不同发展阶段的特点、代表人物和基本观点。

3. 知道天人关系、认识论、知行观等基本观点的内容与意义。

（六）最终学习成果的评价量表呈现

课堂学习成果评价量表

评价项目	评价标准	评价依据	考评占比
知识与技能	掌握中国古代思想基本流派、观点和代表人物	1. 文本阅读与判断：完成要求的阅读任务，能依据文章观点分析作者所属的思想流派并说出理由。 2. 小组活动：以小组为单位，为本学期学习过的思想流派及其观点寻找为其观点佐证的历史故事，并在班级内分享。	20％
	知道天人关系、认识论、知行观等基本观点的内容与意义	书写与交流：能够举例说出这些观点对于古代中国产生的影响	20％
	对中国哲学的概念、特点及演变发展过程有准确把握	绘制一幅中国古代哲学发展及演变的思维导图	20％
操作技能	熟悉运用网络独立收集、分析、处理和评价信息的方法	依据小组展示情况而定	20％
	积极参与小组合作与交流		
	能制作ppt，将搜集到的材料用ppt清楚地展现出来，而且比较有创新		

续　表

评价项目	评价标准	评价依据	考评占比
情感态度	课堂出勤率	课堂无缺席情况	20%
	小组协作交流情况：小组成员间配合默契，彼此协作愉快，互帮互助	依据小组活动情况而定	
	对本内容兴趣浓厚，提出了有深度的问题	依据课堂提问情况而定	

课堂调查：书面写出你在学习本节课时所遇到的困难，向教师提出较合理的教学建议。

2. 社团活动发挥思政优势，打通"大思政课"内外循环

青年教师在社团活动中聚焦"大思政"理念，身体力行地带着学生共同学习，展开实地调研，并在实践中引发对现实的思考。以案例17为例，模拟政协社团在思政教师的指导下取得丰硕成果，学生们在社团活动中化知为行，而思政教师更是将社团与思政课联系在一起，将社团中的经验整合助力思政课教学。

【案例17：打通"大思政课"内外循环，促进学生化知为行——以上海市市西中学模拟政协社团活动为例】

把社会主义核心价值观融入法治建设、融入社会发展、融入日常生活，就要使之像空气一样，成为学生日用而不觉的行为准则。作为思政课教师，我联动思政课与模拟政协社团，凝聚校内外育人合力，引导学生潜移默化地领悟并践行社会主义核心价值观，为中国式现代化建设助力。

一、建立模拟政协社团，助力思政课教学

新时代思政课教学，需要理论性和实践性相统一、主导性和主体性相统一、显性教育和隐性教育相统一。通过模拟政协社团，聚焦提案过程、组织形式及议事规则等，学生在运用政协知识的实践活动中，可以更好地了解、体会和内化中国特色的协商民主，助力思政课教学，同时潜移默化地培育价值观。

二、依托模拟政协社团，构建"大思政课"内外循环路径

第一，强化师生、生生互动，激活交流"微循环"。在学生不知如何寻找提案主题时，我会引导学生从日常生活中寻找。当学生对于流浪动物管理问题产生困惑时，我引导学生就

已有政策、法律等视角切入。此外,在面对复杂的调研工作时,我会指导学生厘清任务清单、分清轻重缓急,循序渐进推进模拟政协活动。

第二,联动思政课与社团,畅通课程"内循环"。我在思政课创设有关模拟政协的真实情境,帮助学生体验生动活泼的协商民主。例如,在讲解必修三人民政协时,我以流浪动物精细化管理的提案为切入点,展开分析人民政协的职能与协商民主的意义。在拓展课程的社团活动中,我会渗透人民政协知识。学生一边体验政协委员撰写调研报告与提案这一参政议政职能,一边理解人民政协是我国政治生活中发扬社会主义民主的生动写照。

第三,挖掘社会优质资源,推动社校"外循环"。我指导学生开展权威网络资源阅览、问卷发放、实地访谈,帮助学生走出校园,了解社会,并将所闻所得运用于模拟政协。例如,学生聚焦城市流浪动物精细化管理,通过知网、政府官网等网页,了解研究现状。随后,根据文献梳理调研方向,面向社会制作并发放问卷,了解上海市民态度及意见。学生也前往浦东临港的"猫岛"展开实地调研。

三、模拟政协社团活动促进学生化知为行

通过社团活动,学生不仅能掌握发现、解决问题的途径,也学会了团队合作。此外,通过思政课教学与社团活动相互联系互动,学生无形之中在理解、运用知识中践行政治认同与公共参与等核心素养。最终,通过模拟政协活动,青少年走进社会,走进政治,增强对国家的认同感与责任感。

——执笔人:思政青年教师陈思燕

(该篇案例获得2023年度静安区社会主义核心价值观教育案例征集活动三等奖)

二、基于参与体验创造的校园文化活动

(一) 六大校园文化节日活动中的青年师生思政共育互促

市西中学有着丰富的校园文化节日活动,学校每年举办科技节、艺术节、英语戏剧节、学术节、体育节和文史节六大节日。在各个校园节日准备和实施过程中,青年教师以指导者、组织者或是参与者的身份,全方位参与校园节日活动,在与学生的互动中,时刻牢记为人师表,有意识地为学生做好榜样引领,切实提升了自身的专业素养和育人能力。而广大

学生在青年教师的指导和引导下,进一步树立正确的价值观和道德意识,从而实现青年师生在校园节日活动中共育互促。

1. 青年教师指导,学生参与

在六大节日的很多比赛中,青年教师认真辅导学生,给学生出谋划策,帮助学生提高节目或作品的水平。在此过程中,不仅学生的综合能力得到提升,教师自身的专业素养和育人能力也得到提高。

【案例18:文史节历史短剧中的青年师生共育互促】

2021年12月,在第36届文史节中,高二年级学生开展了以"重温历史经典时刻,致敬建党百年征程"为主题的历史短剧展演。本次展演聚焦建党百年来的重要历史事件,同学们通过演绎百年党史的经典时刻,重温党史,感受先辈们在艰难困苦中坚守初心的那份情怀,同时,也增强了历史责任感和使命感。在此次展演的筹备过程中,高二年级的青年班主任们认真指导各自班级的短剧表演。高二3班展演的是江姐(江竹筠)英雄事迹。班主任是青年教师施唤老师,她和班级同学一起查询江姐的事迹材料,编排剧本,物色演员,准备演出服装和道具。在此过程中,师生一起了解了江姐的生平,并被她对共产主义的信仰和英勇无畏的精神所感动。最终,3班的同学们在舞台上生动演绎了"绣红旗"的精彩片段,他们的演出也感染了台下所有观看演出的师生。

2. 青年教师策划,学生参与

在各类节日活动中,青年教师有时作为组织策划者。他们根据自身兴趣特长和学科特点,负责筹备组织各类活动。由于他们年龄上与学生相近,了解学生的喜好,所以他们策划的活动学生参与的积极性很高,活动效果也很好。

【案例19:校园文化定向跑】

在每年的文史节中,地理学科青年教师都会组织策划"校园文化定向跑"比赛。这项活动将知识竞答和定向跑相结合。比赛设置重重关卡,在每个关卡,学生都要回答一个知识问答或是完成一个小任务,完成之后才能进入下一个关卡。过程中如果有困难,也可以使用求助卡寻求帮助,但是每队只有一次求助机会。活动中,各班学生以小组为单位完成任务。每年的"校园文化定向跑"比赛,同学们参与的积极性都很高,动静结合的形式很受同学们的喜欢。地理组的青年教师们每年都会总结活动开展的成功经验,以及下一次改进的措施。赛事规则和流层也逐年优化完善。2024年地理教研组新进青年教师策划组织开展了"一带一路"为主题的校园定向活动,深受学生欢迎。

3. 青年教师与学生共同参与

在各类节日活动中,青年教师有时也是参与者。师生共同参与各类比赛,和学生一起准备和演出。在此过程中,师生关系是平等的。大家一起为比赛出谋划策。

【案例20:艺术节集体比赛项目中的青年师生同唱共舞】

在每年的艺术节"班班有歌声"和"民族舞"比赛中,都有青年教师积极参与,与所教班级同学同台献唱、同场共舞。2024年5月,第39届艺术节的"班班有歌声"比赛中,高二共有11个班级,共有6位青年教师和班级同学一起演唱。高二4班和高二7班的两位青年教师领唱,更是引起了全场轰动,这两个班的演唱也取得了很好的比赛成绩。在民族舞比赛中,高二3班邀请了教他们语文的青年教师一起参与。在老师的一起排练中,他们格外地认真投入,比赛结果很好。

(二) 各类主题教育文化活动中的青年师生思政共育互促

市西中学每年开展丰富的主题教育文化活动。在班主任主题教育课、高一新生三十年心愿封存仪式、高三成人仪式、五四主题团日等一系列的主题教育活动中,青年师生共同准备策划和实施,从中共同学习成长。每年班主任主题教育课都围绕"五史"教育展开。2020学年主题为"立德树人,加强'五史'教育";2021学年主题为"请党放心,强国有我";2022学年结合党的二十大的召开,以"以小我之浪花,赴时代之奔涌"为主题;2023学年主题为"铸魂育人,'知校、爱校、荣校'你我同行";2024学年结合庆祝中华人民共和国成立七十五周年,主题为"强国有我,勇创一流"。青年教师占比将近70%的班主任们,都非常投入,精心准备,把很多很好的"五史"知识、很好的"五史"教育媒体影像资源运用到主题教育课中,以学生喜闻乐见的形式和学生进行"五史"学习交流,起到了很好的教育效果。

【案例21：开设主题教育课公开课的青年班主任体会】

在主题教育课的前期准备中，我指导学生参观校史馆，阅读校史文献和资料，也指导学生参与10月6日校庆活动，激发学生对学校的认同感、归属感和自豪感。

我的主题教育课过程设计如下。

乐章一：忆往昔，峥嵘岁月

1. 回顾市西百年育人历程。让学生分享了他通过采访一位校友得到的收获。

2. 倾听市西校友挥洒青春。我曾经的学生顾博文，将他对市西的爱通过绘画的方式展现出来，在课上，我们一起欣赏了他的校园手绘地图。

乐章二：看今朝，爱校有我

这部分是最重要的环节，我让学生分组交流了他们爱市西的理由。

同学们的分享让我惊喜，他们的分享加深了我作为教师对于市西的高度认同。

因此，对于这堂主题教育课，我感受最深的就是教学相长，在传达市西理念的同时，也通过学生的分享促进了我对学校的认同感和自豪感，师生共育互促由此体现。

——高二(3)班青年班主任谷煜

【案例22：主题教育课中的青年班主任收获】

在2023年的班主任主题教育课比赛中，我上了题为"跨越百年校史，传承青春力量——知校教育主题班会"的主题教育课。在导入部分，我引导学生回顾自己亲历的校园生活，体悟在新校园开展"青春生活"的得与失，这些活动比较好地吸引学生们关注校园生活和文化传统，更加切实地感受校园的文化传统。过程中我引导学生知行合一、学以致用，从校友寻访、思维广场学习中汲取青春力量，明确作为市西学子，应传承发扬好学力行的青春训言，珍惜在校时光，在学校提供的个性化教学环境中真正提升自己的个人素养。而作为入职市西中学第一年的新教师，我也在备课和上课的过程中，进一步深入了解市西的育人理念。师生通过这节课，一起回顾市西百年校史，理解"好学力行"校训的深刻内涵，并在行动中传承和发扬市西的文化传统。

——高一(6)班青年班主任秦宏晓

此外，重大纪念节日如五四青年节等、重大仪式教育如开学典礼、各类先进表彰、年级主题教育活动如"放飞梦想·相约三十年后"心愿封存仪式等，都发动青年师生共同精心策划、共同积极参与,起到了很好的共育效果。

三、基于考察调查研究的社会实践活动

(一)文化游学进馆有益实践中的青年师生思政共育互促

为引导学生从校园小课堂走向社会思政大课堂,市西中学每年都组织青年教师带领学生开展暑期文化游学活动。充分挖掘红色教育资源,引导学生学党史、强信念、跟党走;引导学生走向社会,去体验民生民情,追寻历史足迹,悦览山水形胜,从而滋养人文情怀,培养学生高雅志趣。学校借助融体验、感悟、思考、践行为一体的暑期社会实践,引导学生学思结合、学以致用,将学科知识与服务实践有机结合,深入实际、细心观察、探究合作、积极思考,带着课题,去敏锐发现问题、尝试解决问题,培养和锻炼学生自我管理和自主发展的能力;通过活动能丰富学生的课余生活,丰厚学生的阅历,并成为值得他们珍藏和回味的一段人生记忆;也希望活动的开展能够增强学生的历史使命感和社会责任感,培养对社会现状的观察力和思考力,进而激发学习兴趣,努力成为一名志存高远、勇于担当、有公民意识、有国际视野的全面发展的复合型人才,为市西学子实现"从优秀走向卓越"的跨越奠定坚实的基础。

学校本着"游学探知广阔社会,课题引领学术起航"的活动宗旨,从2013年开始,学校持续不断开展暑期文化游学活动。每年高二学生的暑期文化游学是市西中学的一大特色社会实践活动。秉承"活动即课程,实践即学习,经历即收获"的教育理念,市西中学结合研究性学习与旅行体验,积极创新校外教育活动形式,把思政教育融入社会大课堂,取得了积极的教育成效。2021年受疫情影响,我校的文化游学主要聚焦长三角地区发展,线路涉及安徽黄山、江苏南京、浙江杭州、嘉兴、绍兴、宁波、舟山等地;2022、2023年文化游学又恢复拓展到全国各地,北京、成都、西安、洛阳、武汉、重庆等地,在创建学术性高中的背景下,市西中学通过开展以课题研究为引领的文化游学活动,让学生感受祖国各地历史文化,用独特的实践方式激发学生深度关注社会、发现问题、思考对策,着力提升市西学子的综合素养。

在历年的文化游学课题指导老师中,青年教师占了60%—70%。老师们既是游学的带队老师,也是学生课题的指导老师。他们在游学前指导学生确定课题研究方向,制定研究

方案,在游学过程中,跟随学生开展实地调查、问卷调查和访谈,游学后指导学生撰写论文。可以说青年教师全方位参与文化游学,通过课题研究,师生共同学习和成长。学生也取得了很好的成果。2020 年,文化游学课题在上海市"进馆有益"微课题征集评选中获得 8 个一等奖,18 个二等奖,27 个三等奖。2021 年,获得 14 个一等奖,8 个二等奖,14 个三等奖。2023 年,获得 6 个一等奖,8 个二等奖,9 个三等奖。

【案例 23:青年师生"同进馆、共研究、齐受益"之《四行仓库保卫战研究》】

2020 年,由青年教师徐厉指导学生隋旻洋、王捷、蔡悦、蒋欣远、程嘉伟撰写的课题"不能忘却的历史——四行仓库保卫战研究"获得上海市"进馆有益"征文一等奖。

学生在感想中写道:"在本次课题的研究中,我们收获颇丰:首先,我们对四行仓库保卫战的历史及其意义和影响有了更深入的了解;其次,我们学会了如何设计调查问卷,并且对数据进行统计分析;更为重要的是,通过对论文夜以继日的修改,我们对论文的撰写有了初步的了解,学会了更加正式的文字表达和语言逻辑,并体会到了坚守四行仓库的'八百壮士'的顽强不屈的爱国情怀。"

教师也写道:"2020 年是抗日战争胜利 75 周年,在这个颇具意义的年份里研究淞沪会战的关键一役——四行仓库保卫战,有助于同学们更深入地了解淞沪会战过程,感悟以'八百壮士'为代表的中国军人的强烈爱国情感和坚韧民族精神。从讨论选题到参观上海四行仓库抗战纪念馆,从查阅各类文献资料到合作撰写课题论文,本课题小组的全体同学始终认真投入、配合默契,主动高效地完成微课题的每个流程。在研究过程中,我和同学一样,进一步增强了民族意识和历史使命感。"

【案例 24:青年师生"同进馆、共研究、齐受益"之"红色资源开发与利用研究"】

在 2021 年的文化游学中,青年教师张蒙指导学生王楷霖、邱尚俊、赖禹杰、李嘉栩、叶司晨撰写的课题"游红船、悟红船、扬红船——以嘉兴南湖景区为例探索红色资源的开发与利用"在上海市"进馆有益"征文活动中荣获三等奖。

小组同学在感想中写道:"借由本次学校组织文化游学的契机,我们在党的百年华诞之际,追随'一大'的脚步,从上海出发前往浙江嘉兴,来到南湖湖畔,瞻仰一艘见证百年大党诞生的小小红船,体会、学习红船精神,并尝试从我们参观的一系列红色资源、红色场馆、红色基地中,总结归纳出其开发利用成功之原因,为淡出于人们视野的红色场馆提供开发和利用方面的启发与借鉴建议。在课题研究的过程中,我们得到了多方面的提升。通过走进场馆实地考察,我们领悟了'红船精神';写作过程中,我们力求字字珠玑,表达能力在其中得到增进;最重要的是,从选题、确定研究的切入点,到论文撰写内容、格式,张蒙老师指引着我们课题研究前进的方向,她的指导也为我们将来的课题研究点亮一盏明灯。"

指导老师张蒙也说道:"在确定本次游学路线之时,小组成员中便有同学建言道'是否可以前往嘉兴南湖景区参观'。今年正值中国共产党建党百年之际,同学们这份追寻红色足迹、学习红船精神的愿望也打动了我。和同学们一起考察的过程也是感受和学习深厚红色文化的过程,大家也利用这一游学契机对红色资源的开发与利用展开了思考。"

(二)各类主题教育社会考察中的青年师生思政共育互促

市西中学鼓励和支持青年师生一起参与参观、实地考察等活动,在活动中拓宽视野,增强团队协作能力,培养社会责任感。学校组织青年教师和学生一起寻访老校友,通过对老校友的访谈,青年教师和学生一起了解市西的校史,增强爱校之情。学校还组织青年师生开展"我是党史考察者"——上海红色场馆骑行打卡活动,"我是党史倾听者"——采访"光荣在党五十年"的老干部、老党员活动。高一全年级师生的南京考察、高二学农中"三农"调查、高三上海发展形势考察等等,给青年师生共育提供更多的社会实践机会。此外,学校团委每年寒暑假都会布置以班级团支部为单位、由班主任带领的暑假红色基地参观活动。

【案例25:青年师生同考察共演绎红色场馆】

2021年3月,教工团支部和学生团委联动组织青年师生一起参观了中国社会主义青年团中央机关旧址纪念馆,青年师生分成四个小组,重点考察《新青年》与马克思主义的传播、《共产党宣言》第一个中文全译本的出版、上海社会主义青年团的建立、五四运动以来的杰出青年代表等四个主题,为纪念五四运动作积极准备。在五四主题团日当天,师生通过微党课、小品、朗诵和演讲等不同形式展示了各小组前期参观考察结果,同在场的青年师生一道重温团史和党史,以杰出青年代表为榜样,不断奋发向上。

【案例26:青年师生南京考察体会】

2023年,高一7班姚历恒在南京考察后的体会中写道:"南京之行,渡江胜利纪念馆给我留下了深刻的印象。作为青年党校的学员,我领略了渡江战役中解放军战士们恢宏的气势和坚定不移解放全中国的信念,也更加坚定了我入党的决心。我更看到了中国共产党全心全意为人民服务的表现:在下江南时,全体战士学习《入城守则和纪律》。江南大小城市几百座,政策纪律最要紧。看到墙上战士们在大街上休整的照片,我不禁肃然起敬。渡江战役虽已过去 74 年,但渡江精神永远传承了下来。新时代,我国还有许多问题没有解决。这些问题都像这长江天险,需要我们鼓起勇气勇敢面对。我们青年也要学习渡江精神,在面对困难时勇于站在最前面,为实现第二个百年奋斗目标努力。红色精神需要传承,我们青年应该接过时代的接力棒,将革命者的精神传递给一代又一代。"

　　由上可见,青年师生在人文学科思维广场教学、选修课与社团课教学中转变育人方式,在丰富的校园文化节日和各类主题教育文化活动中共同参与体验创造,更是在文化游学等社会实践活动中开展考察调查研究,从而实现了实践为主、多途径、课内外联动的共育互促。

第三节　青年师生思政共育互促的分享机制

　　本节立足于多样化的实践课堂,从线上平台的交流互动到线下活动的沉浸体验,从青年党校的榜样引领到文化活动的情感共鸣,通过对青年师生思政共育互促分享机制的探索,青年师生在思想的激荡中拓展认知,在情感的交融中涵养家国情怀;在学习中求索时代之问,在行动中践行责任担当。实践证明,只有当思政教育深植于真实的体验中,才能在青年心中播撒理想的种子,塑造精神的高地,激励他们以青春之力书写无悔的成长篇章。

一、基于青年大学习平台的共学共享

(一)青年师生线上打卡青年大学习平台

　　青年大学习平台围绕"习近平与青年朋友们"展开了系列的线上微团课,是同学们学习党团知识,感悟中国式现代化成果,明确青年责任担当的重要线上平台。我校通过教工团与学生团联动,共同组织青年师生认真完成每期青年大学习。

为了让大家真正的学有所获,以团委组织部牵头,青年教师们做好榜样带头作用,各班团支部书记积极提醒和发动,将大学习的完成情况纳入每月班级团支部考核中,并及时反馈各班完成情况,努力让每期青年大学习完成率达到100%。

(二) 线上线下相结合的青年大学习心得体会交流

在认真的学习后,教工团、学生团利用适当的时间节点如五四青年节等,结合百年团史、百年党史、党的二十大报告等,组织开展青年理论学习大讨论等,既能对青年学生产生积极引导,又能促进青年教师提升。例如,以班级团支部为单位围绕"学习二十大,永远跟党走,奋进新征程"为主题组织主题团日活动,学生邀请青年教师共同参加,共同学习党的二十大报告精神,并组织班级的分享和讨论。在五四前夕,团委组织学员认真学习习近平总书记五四讲话精神,并将青年师生的思考学习心得布置在各班学园地中。2021年五四主题团日活动上,青年师生们在前期一起参观、一起学习、一起创作、一起排练的基础上,以《信仰的味道——陈望道和〈共产党宣言〉》情景剧、俞秀松和施存统等上海社会主义青年团早期发起人的故事演讲、"《新青年》与马克思主义的传播"微团课以及诗朗诵等形式进行分享,取得了良好的成效。2022年5月4日,居家线上教学,全校青年师生在前期学习习近平总书记在中国人民大学考察时的讲话和中国共产主义青年团成立一百周年历史的基础上,开展了以"青春百年路,永远心向党"为主题的五四青年节线上学习分享会,三位团员学生和三位青年教师分别从不同角度作了学习体会分享。

二、基于青年党校课程的多样化分享

我校的青年党校课程围绕理想信念、爱国情怀、责任担当、奋斗精神四个角度,结合校园德育系列品牌活动,努力寻找社会公益讲座资源,鼓励学生开拓视野,外出实践,积极开展多形式、多途径的学习活动,理论与实践相结合,达到知行合一。

(一) 以青年党员教师输出为主的青年师生分享

青年党员教师积极担任青年党校讲师,给同学们分享青春故事,以更贴近同学们的"青生青语"深受同学们的喜爱。

为进一步学习青年榜样的力量,政治教研组陈思燕老师给同学们带来了"谁的青春不迷茫——记习近平总书记的青年时代""数字时代,我们何去何从?"主题讲座,同学们深受习近平总书记青年时代故事的鼓舞,明白了"责任担当、刻苦奋斗"对青年的意义;团委书记王璐老师给同学们带来"初心永驻,薪火相传"主题讲座,介绍了历史上那些心怀"国之大者"的五四青年发起的震古烁今的运动,唤醒了旧中国的民族意识,开启了新民主主义革命的新时代,号召广大青年勇担新使命,用信仰支撑,用行动作答,传承"国家兴亡、匹夫有责"的责任担当。施唤老师讲述了围绕"党章的故事",这些历史的记忆是党和人民深厚情谊的重要见证。

此外,在 2023 学年的青年党校活动中,特别安排教工团支部三位老师分别跟进不同年级的党校活动。施唤老师为高一年级辅导员,李学明老师为高二年级辅导员,王璐老师为高三年级辅导员,跟进三个年级党校活动的开展。同时,给各年级党校学员分成不同的学习小组,安排青年党员老师为小组导师,跟进参与小组交流、红色场馆参观等。

(二) 在红色短剧的创作排演中交流思想

青年人是最有活力、最愿意创造的群体。教育除了必要的灌输,更需要生动活泼的活动,在文化活动中学习、创造、感悟。在我校科技节、艺术节、英语戏剧节、学术节、体育节、文史节等六大校园文化节日中,学校有意识地组织发动青年师生共同策划方案、共同设计活动内容形式、共同参与活动过程,把"五史"学习教育内容和要求自然融入其中,并通过师生表演表现进行诠释和交流,比如艺术节"班班红歌比赛""经典诗词集体性情景式朗诵比赛""56 个民族是一家"民族舞比赛,还有文史节中的辩论赛、历史短剧竞演等,深受师生欢迎。学生邀请青年教师指导和共同演出都会得到加分。

每年的文史节历史短剧竞演活动都深受青年师生的欢迎。从剧本创作、服装道具的设计、彩排到演绎,以学生为主体,邀请青年教师共同指导、出演,给师生留下美好记忆的同时也加深了他们对于"五史"学习的理解。

1. 教师主导选题与历史短剧设计

以第 38 届文史节为例,人文学科青年教师以"时代有我"为主题给同学们拟定了十个历史人物,指导同学们以短剧的方式感悟历史。中华上下五千年,涌现过许许多多坚韧不屈的生命,他们或顽强抗争,或不折傲骨,或锐意进取,或引领潮头。近代以来,面临数千年未有之变局,无数仁人志士站出来探索救国出路,个人虽然渺小,但却有着令人为之惊叹的精神力量,向我们展现出生命的意义与价值。了解他们的经历,以鲜活的历史人物感悟"近代史",理解个人和时代的关系,以自律的精神与坚毅的品质面对生活与学习。

【案例27:文史节历史短剧比赛中的"历史人物"设计】

第38届文史节"时代有我"历史短剧要求:各班在抽签确定"历史人物"后,查阅相关资料,围绕近代史中这些历史人物的选择与时代的关系,在与班级语文老师与历史老师沟通后,确定主题,设计剧本,完成剧目演出,请注意聚焦"人物",以小见大。

2. 学生在老师的指导下原创剧本并演绎

学生在抽签决定历史人物后,就开始了创作和排练的过程。从剧本创作开始,学生会主动请教语文、历史、政治、艺术组的青年教师,也会邀请部分班级任课的青年教师参演剧本中的角色,为整部剧目的演出效果加分。

对学生来说,这样的创作过程培养了学生的创造力,在排练过程中他们的团队协作、沟通和人际交往能力得到进一步的提升,在演绎过程中学生可以用表演的方式表达自己的观点和情感,并将他们的学术兴趣与历史演绎结合起来。

对青年教师而言,教师不仅知道学生的剧本创作,还可以参演剧本中的角色,这有助于教师更好地理解学生的想法和需求,从而达到教学相长;教师参与学生的创作和排练的过程,可以增进青年师生的关系,教师也可以在这个过程中借鉴历史短剧的形式为自己的授课寻找灵感。

图3　学生原创历史人物短剧的海报

【案例28:学生有关历史人物林则徐的原创剧本】

第一幕

1839 年广州城

人物:林则徐、魏源、要钱烟民、烟民×3、鸦片贩子、清兵

1. 街道

（台上暗场，打追光灯）林则徐和魏源自台侧台阶准备上场，一名乞丐在台阶处堵住二人去路。

乞丐（跪在地上）：二位老爷，草民耕地歉收，家中贫穷，况有老母有疾难以扶持，愿二位大善人发发慈悲救救小人吧！（作痛苦渴望状）

林、魏二人相视一眼，魏源掏出二十文钱。

魏源：民生多艰实不我愿，快起来，拿着这些钱过生活去吧！

乞丐：谢大人！

乞丐话音未落便急匆匆跑上台。

2. 鸦片摊

（台亮）乞丐在鸦片贩子摊前停住。

乞丐：（急不可耐，将钱尽数排出，尖声叫道）来一两！鸦片贩子：（轻蔑地瞅了瞅）这……可不够呀。

乞丐：（咬咬牙）可给多少给多少！

乞丐拿着鸦片跑进烟馆，倚在桌子旁，拿出烟管急不可耐地吸上一口。

3. 烟馆

林、魏跟在乞丐后上台，目睹乞丐买烟，对视一眼，跟着乞丐进入烟馆。烟馆中躺着四个烟民。魏源上前揪起一个烟民。

魏源：我说你们，整天儿的抽大烟，不是作死是什么！你们不知道，吸鸦片有三大快：穷得快、瘦得快、死了抬着也轻快！

烟民：（相视嗤笑，其中一人开口）你才作死，其实还有一快你不知道，那就是爽得快！（合声"爽得快"）

林、魏二人面面相觑，走出烟馆。

4. 烟馆外

魏源：林公，您看这……

林则徐：（叹气摆手）不算稀奇。默深，你我二人此行便衣采风，看见的正是我大清百姓当前遭受的最大侵犯。

魏源：是了，西方带来的鸦片为殃数十年，搞得民生凋散，民众健康每况愈下！

林则徐：鸦片为祸显极，害命毁家，实为直指我大清民生。

魏源:那林公,您此次驰驿前来广州,定是直捣鸦片弊病,志在必得吧。

林则徐:正是。

(转向观众)此次禁烟,我准备晓谕军民绅商,凡吸食鸦片者要立即呈缴烟土烟具,限期戒除;还要责令外国鸦片贩子交出全部鸦片,绝不留任何通融余地。收缴的所有鸦片,我将另作安排统一销毁。鸦片不禁,我林某誓不归京!

魏源:林公好魄力! 此次禁烟必当开大清治理鸦片内忧之先河。

林则徐:默深,要知西方之意不限于此。他们必将步步紧逼,借机侵犯我国土,伤害我国脉。

魏源:林公,我想审视寰宇,厘清国本,方能进一步为国大计,应当编纂书籍,介绍西方情况,激发有志能人为国效力。

林则徐:有见地! 我正着手组织翻译《世界地理大全》,再整合成全本《四洲志》,介绍西方各国现状。你可作为参考,编写更完备更详细的百科书籍。

魏源:(郑重行礼)林公,晚辈领教。

林则徐:海纳百川,有容乃大。默深(搭肩),愿你我能以孑孓一身打开大清之眼界,擎旗亮剑,振我国威!

动作定格,第一幕终。

转场

1839 年广州城人物:卖报童

卖报童从会场外跑进。

卖报童:新一期的《京报》! 钦差大臣关防林大人即将在虎门海滩集中销毁鸦片!

观众:(招手)给我来一份(递钱)

卖报童:好嘞! 先生给您!

卖报童吆喝着离场。

第二幕

1839 年虎门

人物:林则徐、销烟清兵、英兵

(台上暗灯,打追光)林则徐走到观众席第一排前站定。

林则徐:吾奉旨钦差,查办海口鸦片之事。今日以后,严加管理他国商船,要求具结保证,如有带来,一经查出,货尽没官,人即正法,法当从严。本大臣誓与此事相始终,断无终止之理。

台下：走私鸦片，人人得而诛之！

台下：鸦片之患流毒天下，大人救民于水火！

（台上灯亮）1个清军站在桌子上拿着箩筐，另一个士兵站在桌子后给他递箩筐，2个清兵拿着铲子站在池子旁。林则徐走上台，在台侧站定。

林则徐：奉旨，销烟！

销烟清兵：（齐声）奉旨，销烟！

林则徐挥手。

销烟清兵：（齐声）倒！

清兵将石灰倒入池子，搅动水，烟雾升起。

销烟清兵：（号子）嘿！嘿！嘿！嘿！

10秒左右之后，3个英军拿着枪冲上舞台，定格，背景响起战火声，台上暗场。第二幕终。

第三幕

1849年湘江夜

人物：林则徐、左宗棠

（台上灯亮）林则徐和左宗棠坐在船上。

左宗棠（钦佩语气）：先生海内名望，位极人臣，治绩卓著，晚生湘阴举人左宗棠，承蒙先生错爱，今日方得一见，实乃荣幸之至。

林则徐：季高啊，先前贶生曾与我举荐你，却不得相见，今日一见，果然卓尔不群。

左宗棠：先生谬赞了。后生不过是屡试不中的一个举子，以讲学为生，怎敢妄自尊大。

林则徐：老夫曾听闻你对朝廷的战事颇为留心，当今士林正需要经世之士人啊。（咳嗽一下）沉疴旧疾缠身，不得已致仕，恐难再为朝廷效力了。（二人起身）老夫宦海浮沉四十载，几起几落，经手漕运盐政，赈灾治河，禁烟御敌，平叛守边，凡此种种，所思所感，其实无非"苟利国家生死以，岂因祸福避趋之"十四字。（林则徐走到船边，指着水面）季高啊，你可看见江上这点点波粼，纵使波粼易逝，然遇光之处必有新生，汝等后生必如这江上波光，为我大清希望之光明！（看向左宗棠）你固有经天纬地之才，吞吐天地之志，望你每遇艰危困难之时，时常将老夫所言记于心间，切莫懈怠顿挫。

左宗棠：（弯腰拱手）晚生虽愚钝，定朝乾夕惕、焚膏继晷，不负先生重托。

全剧终。

【案例29：参与历史短剧展演的学生感受和青年教师点评】

学生感受：作为本次文史节历史剧展演高二(3)班的导演兼编剧，很有幸自己和班级同学共同完成的作品《霖雨慰苍生》可以获得第一名的好成绩。

17天的多个中午、体育课、分层课时间统统用于排练，辛苦和疲惫是常在的，但更多的是决心、毅力、凝聚力和独属于文科班的热血。一直觉得高二是很特别的，高一时的懵懂和不熟悉已然褪去，而高三的紧张和忙碌还没有到来，又是恰逢17岁这样一个最富少年气的年岁。很幸运的是，在特别的高二，我遇见了最好的文科班同学们。在越来越看重成绩的当下，本以为这样会耗费大量课余时间和精力的活动很难得到响应，但很意外的是，几乎班级所有同学都参与了这次的历史剧，也充分将所思所学融入剧本写作和表演过程。私以为，最好的历史学习方法之一就是扮演，当你将自身与历史书上的那一个个名字相连，在扮演过程中感受他们的身世、性格，理解他们每一个行为背后的逻辑和意图，那时的他们便不再是史书上一段冰冷的记载，而是那个时代中鲜活的、有血有肉的人。

最后，附上剧本中我最喜欢的一句话："你可看见江上这点点波粼，纵使波粼易逝，然遇光之处必有新生，汝等后生必如这江上波光，为我国家希望之光明！"愿与诸君共勉。

青年教师点评：

很荣幸在高二年级"伟大的生命"历史剧展演活动中担任评委。中华上下五千年，涌现过许许多多坚韧、不屈的生命，他们或顽强抗争，或不折傲骨，或锐意进取，或引领潮头，向我们展示了生命的意义与价值。很高兴你们把课堂所学转化为形象生动的剧本亲身演绎，你们在排练过程中与历史、语文老师的沟通探讨，在排练过程中请教艺术老师如何更好地演绎剧本，这些都让我们看到了你们身上有无限的潜能。

而最难得的是，你们所理解的"伟大"，都不是精致的利己主义。这个"生命"可以是一只搜救犬，可以是为了国家大义苦苦坚持的民族企业家，可以是明知不可为而为之的"荆轲"，可以是在敦煌坚守一生研究的历史学家。你们从多个维度演绎了"伟大的生命"，他们"重诺言""有理想""怀信仰""为人民"，而你们投入的演出带给了现场观众不尽的感动。

——团委书记、历史组青年教师王璐

三、基于各类主题性活动的交流互动

(一) 以"五四"主题团日活动促青年师生共同进步

为弘扬五四运动的光荣传统,弘扬中华民族伟大精神,培养青年师生爱国爱党的坚定信念,每年 5 月 4 日,市西中学都会开展师生共同参与的主题团日活动。开展"五四"主题团日活动对于建构高中青年师生思政共育互促机制具有重要的意义。师生共同参与活动,起到了"1+1>2"的效果,教师会以榜样的姿态给学生示范;而学生在教师的面前,也会更加振奋,更积极热情地投入活动中。

1. 激发青年师生爱国热情

"五四"主题团日活动离不开对于"五四"历史的回顾。通过参与这些历史类的活动,教师和学生都能够亲身感受和了解国家的发展历程、革命先烈的英勇事迹以及五四运动的历史背景。这种直观的历史教育方式,也能够让学生对国家的历史有更深刻的理解,从而激发他们对国家的热爱和自豪感。而各种各样的"五四"主题团日活动形式,会强化青年教师和学生的情感联结。在集体活动中,学生可以感受到集体的力量和团结的氛围,以及青年教师的独特号召力,这种共同的情感体验能够加深他们对国家和民族的归属感,进一步激发爱国热情。

2. 增进青年师生之间的理解与信任

"五四"主题团日活动为师生提供了一个共同参与和体验的平台,有助于打破传统教育模式中的界限和隔阂。在这种活动中,教师可以更深入地了解学生的个性和需求,而学生也能感受到教师的关心和支持。这种相互理解是构建信任的基础,只有在相互信任的基础上,师生之间才能建立起更有效的沟通和合作。在"五四"主题团日活动中,师生共同参与各种活动,如团队游戏、讨论会等,这些活动不仅增进了师生之间的了解,还促进了彼此之间的合作和交流。在这个过程中,教师可以更加深入地了解学生的个性和需求,从而更好地指导他们的学习和成长。同时,学生也能感受到教师的关心和支持,这有助于增强他们的自信心和积极性。

3. 实现青年师生共同成长

"五四"主题团日活动强调的是"共育",即师生在活动中共同成长。通过共同参与活

动,教师可以发现自身的不足并持续改进,而学生也能在活动中学习到课堂之外的知识,提升自己的能力和素质。这样的成长过程是相互的,利用这样的活动契机,教师和学生都能够发现自我新的成长点。这种共同成长的过程,不仅加深了师生之间的情感联系,也为双方提供了更多的学习和成长的机会,从而潜移默化地成为了更好的自己。

【案例30:2023年市西中学"五四"主题团日活动概况】

2023年5月4日下午,市西中学高一、高二年级全体青年师生进行了"生逢伟大时代,展现青春力量"主题团日活动,在奋斗的道路上坚定理想信念,给校园注入了久违的精彩与活力。

活动分为高一、高二两个分会场。高一年级青年师生的团日活动在传家楼三楼会场隆重举行。正逢五四运动104周年,五四青年节74周年。首先,高一年级合唱团成员带来了《追梦路上》歌曲的演唱。在实现中华民族伟大复兴中国梦的新长征路上奋勇搏击,在实践中释放青春激情、放飞青春梦想。高一(4)班马征同学和王璐老师为大家带来一节题为"初心永驻,薪火相传"的微课,王璐老师介绍了历史上那些心怀"国之大者"的五四青年发起的震古烁今的运动,唤醒了旧中国的民族意识,开启了新民主主义革命的新时代。然后,高一(6)班严唯博同学和高一(1)班陈怡雯同学为我们带来演讲"浩渺行无极,扬帆但信风——生涯人物访谈回顾"。通过对"化工人"严成钊先生和中共上海邦信阳中建中汇律师事务所合伙人王宪峰先生的采访,我们看到了无论身处哪个岗位,都要怀揣着梦想,奉献着努力着,不忘初心感恩奋进。接着,高一年级组的同学以极大的热情创作的微电影《新火》在会场播放,青春总有迷茫,追寻梦想的道路总有荆棘,但是青年们请坚持追寻的脚步,你总能找到青春的意义。同时,高一年级各班代表们以配音《中国青年》节目勉励同学们用青春勇担责任,不负青春,不负韶华,不负时代。随后,由吴嘉雯老师和高一(2)班周详同学为我们带来了演讲——"科技之光点亮青春的我们"。创新精神是世界进步的灵魂,是一个国家和民族发展的不竭动力。最后,方秀红书记殷切寄语,希望市西青年以"为中华民族伟大复兴而练就过硬本领"的气魄,锻铸发奋图强的青春亮丽底色。

高二年级分会场在力行楼8楼演讲厅开展。一曲《追梦路上》奏响青春篇章的开启,高二年级合唱团成员用美妙的歌声带给我们一场听觉盛宴。用青春描绘梦想,用力量诠释青春。信仰的力量是成长之路最铿锵的底色,章润发老师和朱时萱同学带来的演讲"'三角刀'的刀辉永不落"让我们深深为之动容,有幸生于和平时代的我们,不应忘记肩上民族复兴的重任,也不应忘记革命先辈们的牺牲与努力。接着,由李璐祺同学带来的演讲"聚青年之火,燃时代之光"更是让我们充满了一往无前的力量,身为新时代的青年,我们有能力有义务,以天下事为己任,为祖国未来的发展添砖加瓦。接着,高二(8)班的王昊同学和马寅青女士的访谈"视障者的创业之路"让我们感受到了理想带来的莫大勇气,不要给自己的人生设限,坚持的信念、敢想敢做的勇气是梦想最美好的诠释。再接下来,高二年级各班代表带来的《中国青年》配音秀让我们相信,以梦为马,不负韶华,流年笑掷,未来可期! 还有,由市西"科技之星"获得者鲁亦洲同学带来的演讲"在学术性高中里探寻创新的意义"也让我们看到了青年的无限可能,对未来怀有期待和勇气。最后,董君武校长给青年师生们带来殷切寄语,希望市西学子能够坚守民主与科学,始终相信民主和科学的力量,怀揣着梦想,坚定不移地践行爱国、进步、民主、科学的五四精神,勇敢地走向未来。

(二)时政类理论学习交流讨论

时政类理论学习不仅是提高个人政治素养和认识世界的重要途径,也是实现立德树人的教育根本任务的重要保障。市西中学始终注重把教师的理论学习和对学生的时政教育相结合,通过教师的带头学习,开设课程,开展活动,以实现市西师生政治素养的共同提高。

1. 时政校赛,火似"综艺"

为深入学习贯彻党的二十大精神,在习近平新时代中国特色社会主义思想指引下,全面贯彻党的教育方针,扎实推进《新时代爱国主义教育实施纲要》,2024 年,市西中学于 4 月18 日在力行楼八楼会场举办了第 20 届市西中学中学生时政大赛校赛,引导中学生青春心向党、奋进新征程,为全面建设社会主义现代化国家、全面推进中华民族伟大复兴而团结奋斗,争做担当民族复兴大任的时代新人。

本次比赛高一、高二年级各班派出三名同学以及青年老师一起代表班级参赛,各班政治课代表负责主持、计时、计分等组织工作,由年级组长、政治老师担任评委。比赛分为共同必答题、分班必答题和抢答题三部分,题目涉及 2022 年以及 2023 年年初的国内外政治、经济、科技、教育、军事、体育等多个方面的重大时政新闻和热点话题,既考验同学们对时政的关注程度,也考验班级的团队合作精神。

第一环节:共同必答题。主要考察同学们的基础知识和对时政热点问题的了解程度。同学们迅速进入状态,各班成绩十分胶着,也展现出了对国家大事的关注和思考。

第二环节:分班必答题。该环节要求同学们在自己所在的班级内协作作答。此环节要求同学们在紧张的气氛中互相配合,增强了团队合作的精神和能力。随着答题难度的提高,选手们的真正实力开始显现,各班的差距也逐渐拉大。

第三环节:抢答题。该环节不仅考查了选手们的知识储备,而且对注意力和反应能力有着极高的要求。比赛进行得如火如荼,各班难分胜负,观赛同学积极投入,场上气氛活跃。

第四环节:统计得分。在此环节中,同学们可以根据自己的得分情况,实时了解自己的成绩,并就得分并列的情况展开附加题的环节。这也是激发同学们潜力,争取不断进步的一个重要环节。最终,时政大赛顺利落下帷幕。

为了这次比赛,参赛同学阅读了大量书籍和资料;担任筹备和组织工作的政治组老师和各班政治课代表尽心尽责,确保比赛顺利进行;场下的同学们也在认真观摩中学到了诸多时政知识,学习领会党的二十大精神。此次时政大赛很好地营造了关心国事、天下事的校园氛围,彰显了市西学子关怀天下的责任意识。

由于青年教师不仅分别加入班级时政大赛团队中,还特别组队与学生班队同台竞技,学生更加地投入准备,时政知识大增,有一批同学代表市西中学参加上海市时政知识大赛取得了优异成绩,所有参赛同学都有获奖,一等奖 1 人,二等奖 6 人,三等奖 5 人,而且获得了参加上海市时政团体赛的机会,并第一次拿到了时政团体赛冠军。

2. 精心辅导,以赛促学

由于疫情原因,上海市第 20 届时政知识大赛到三月下旬才发布通知,四月初又接到"举办 2023 年上海市'新沪杯'中学生宪法法律知识竞赛的通知"。两项市级大赛时间紧,任务重,意义又十分重大,学校领导高度重视。在学校相关部门的指导下,政治心理教研组发挥自身优势,总结往届参赛经验,统筹协调,精心制订参赛计划,分工协作,精心组队,有条不紊地推进组织、辅导等参赛工作。

本次时政大赛,前期由青年教师陈思燕老师负责,并在实习老师的协助下,根据高一高二全员参与、组队参赛的传统,编制校赛题目,包括共同必答题、每班必答题、抢答题和附加题四部分。同时我们迅速组建由高一高二年级各班政治课代表组成的比赛组委会,产生每场两人的主持人和计时员等(非比赛选手),并完成所有组织和准备工作。比赛流程由政治教研组负责事先培训。

在接到上海市"新沪杯"中学生宪法法律知识竞赛通知后,政治心理教研组根据组里的实际情况,重新调整参赛组织指导分工。由青年教师陈思燕老师负责,迅速成立由高一高二四位同学组成的"新沪杯"参赛团队,根据参赛任务和要求,科学制订参赛实施计划。

在接下来的一个多月时间里,两条线的参赛辅导工作有条不紊地顺利推进。

时政大赛这边,政治教研组与学生发展处、宣传教育处通力协作,在教工团和年级组大力支持下,把时政知识校赛办成时政"嘉年华",即作为一次在师生中开展寓教于乐的学习党的二十大精神的主题教育活动,整个过程红红火火,热热闹闹,受到师生的欢迎和好评。

"新沪杯"宪法法律知识参赛队,利用学术探究日的时间和其他休息时间,在老师的精心指导下,整理各类宪法法律知识,整合海量的法律情境和司法案例,开展自主研习、合作探究、优势分享和学术研磨。整个参赛团队迅速进入状态,互相砥砺鼓劲,不断提高知识储备和综合能力。

无论是上海市时政知识大赛初赛、复赛和决赛的每个环节,还是"新沪杯"参赛过程的每个推进阶段,政治教研组都高度重视,把参赛指导工作与思政课程建设有机结合,树立"大思政"理念,以高度的使命感和责任感,扎实推进辅导工作,以赛促学,立德树人,点亮青春之火,点燃信仰之灯。

【案例31:与学生同台"时政"竞赛的青年教师体会】

2024年4月,学校组织时政大赛,一支班级队伍与青年教师并肩作战。这不仅加深了师生间的情谊,更是一次共同学习、共同成长的宝贵机会。在备赛和比赛的过程中,我被学生们的积极性和对时政知识的热情所感动。

他们展现出了卓越的积极性、深厚的时政知识储备以及优秀的团队合作能力。这让我感叹学生们对时事和国内外社会问题的关注之密切,更让我看到了他们未来大有可为的潜力。这次大赛不仅传承了爱国主义精神,还弘扬了中华民族共同体意识,为同学们的未来发展奠定了坚实的基础。

作为教师,我深感荣幸能与学生们共同经历这样的时刻,共同成长。这次大赛让我认识到教育不仅仅是知识的传授,更是情感的交流和共同成长的过程。我期待着学生们未来的辉煌成就,也为自己能够陪伴他们走过这段旅程而感到自豪。

——青年教师夏童

2024年4月17日,我作为教工团青年教师参加了市西中学举办的"传承和弘扬爱国主义精神,铸牢中华民族共同体意识"校时政大赛团体赛。在本次活动中,教师和学生同时抢答时政题目,这不仅是一个锻炼、展现的平台,也是一个相互学习的过程,让我们及时了解国内外重大事件,丰富和拓展师生知识储备,深化对时事政治的理解。

——青年教师陈泽辉

(三) 以党史学习为中心的主题教育

在新时代的征程中,学习"五史"主题教育课,即党史、新中国史、改革开放史、社会主义发展史、中华民族发展史,不仅是一次对过去的回顾,更是一次对未来的展望。它对于青年师生个人的成长、社会的进步和国家的发展具有深远的意义。

1. 传承红色基因,坚定理想信念

"五史"主题教育课让青年师生深入了解了中国共产党的发展历程,从党的诞生到不断发展壮大,再到带领人民走向胜利的光辉历程。这一过程充满了艰辛与曲折,但正是这些经历铸就了中国共产党人的坚定信念和不屈不挠的精神。通过学习"五史",青年师生能够更好地传承红色基因,坚定理想信念,为实现中华民族伟大复兴的中国梦贡献力量。

2. 汲取智慧力量,提升综合素质

"五史"主题教育课不仅涵盖了历史知识,更蕴含着丰富的智慧和力量。通过学习中国共产党史,青年师生能够深刻理解党的宝贵经验、光荣传统和优良作风;通过学习新中国史,青年师生能够领略到新中国从成立到崛起的艰难历程;通过学习改革开放史,青年师生能够认识到改革开放的伟大意义和取得的巨大成就;通过学习社会主义发展史,青年师生能够了解到社会主义制度的优越性和发展的必然性;通过学习中华民族发展史,青年师生能够感受到中华文明源远流长、博大精深。这些知识不仅提升了青年师生的综合素质,更为青年师生解决实际问题提供了宝贵的经验和启示。

3. 增强历史自觉,推动社会发展

"五史"主题教育课让青年师生更加清晰地认识到历史的重要性。历史是一面镜子,它能够照出过去的影子,也能够照亮未来的道路。通过学习"五史",青年师生能够增强历史自觉,认识到每个人都是历史的见证者、参与者和创造者。这种自觉性将激励青年师生积极投身到社会实践中去,为推动社会进步和发展贡献自己的力量。

　　4. 促进文化自信,凝聚民族精神

　　"五史"主题教育课让青年师生更加深入地了解了中华民族的优秀传统文化和革命文化。这些文化底蕴深厚、内涵丰富,是中华民族精神的重要组成部分。通过学习"五史",青年师生能够促进文化自信的建立,凝聚起全民族的向心力和创造力。这种自信和凝聚力将为战胜一切困难和挑战提供强大的精神动力。

　　此外,做课题研究、听精彩党课、访红色基地、寻红色记忆、看党史视频……每年的暑期,市西中学的青年师生们都会开展了一系列"五史"学习活动。广大青年以史为镜,知史爱国,在理论学习中汲取精华、丰富智慧,在实践躬行中不忘初心、牢记使命,让"五史"学习教育真正入脑、入心、入行。

【案例32:青年教师的学习感想——《培根塑魂,做好学生成长路上的领路人》】

　　对于我这代人来讲,较为全面地接触党史,是在初中学习《中国历史》时。我依然深刻地记得历史王老师在家乡话与普通话相互转换间给我们声情并茂地讲解中共一大、"农村包围城市、武装夺取政权"道路的开辟、万里长征、抗日战争、解放战争等重大历史事件,其中"国共合作"一节内容,王老师还是让我上的。入党十年中,大学和硕士期间《中国近现代史纲要》的学习,让我对党史有了更加深入的了解。工作之后再次学习党史,又是一番不一样的体会。

　　通过不断学习,我感受最深的是"百年党史是一部'直挂云帆济沧海'的奋斗史"。党史是中国近现代以来历史最为可歌可泣的篇章,记载了党领导人民艰辛探索、顽强奋斗的光辉历程,充满了扭转乾坤、感天动地的强大正能量,是中国共产党人的精神家园。共产党有远大理想追求,始终保持革命精神、奋斗姿态,能够经受一次次挫折而又一次次奋起。由此,对于党史的学习,既可以不断提高自身的政治素养,更加关注国家发展和国家政策,为中华民族伟大复兴贡献自己的一份力量,又可以提高自己面对挫折时的能力,鼓励自己不断地努力奋斗,充满正能量地面对未来的工作和生活。

　　作为党员教师,应当通过党史的学习提高自身的政治素养,才能更好地培养学生的爱国情,塑造学生的爱国魂。不论是平时教学过程中将所学内容与时事相关联,让学生更加深刻地体会共产党领导下中国的强大;还是在平时与学生的沟通交流过程中,用共产党的奋斗史来鼓励学生勇于面对困难和挫折,让其内心不断强大,为自己的发展、为家庭的幸福、为国家的复兴不断努力和奋斗。

党史的学习,每一遍都会有不同的体会和感受,既可以提高自己,又能帮助学生,共同进步。因此,党史的学习永远都在路上。

——青年教师李学明

第四节　青年师生思政共育互促的激励机制

思想政治学习是为了促进人们形成正确的思想观念,而思想观念又是人们的行动指南。为扎实开展青年师生"五史"学习,提升基本政治素养,发挥学习与实践的积极性、主动性、创造性,我们积极构建青年师生思政共育的激励机制,聚焦于实际生活中的教育、学习和实践活动,力争为党为国培养政治强、情怀深、思维新、视野广、人格正的青年师生。

一、建构青年师生思政共育互促激励机制的意义

以"五史"学习教育为抓手,探讨当前高中青年师生思政共育互促的激励机制建设,不仅具有深远的历史意义,也彰显出鲜明的现实必要性。在新时代背景下,强化青年师生的思想政治教育,是推动学校全面发展、培养社会主义建设者和接班人的关键一环。

以"五史"学习为载体,从重要性上看,建设青年师生思政共育互促的激励机制是培养时代新人的内在要求。"五史"学习是加强师生思想政治素质的重要途径,它有助于师生深入了解党的奋斗历程、国家的建设成就和民族的复兴之路,从而坚定理想信念,增强"四个自信"。激励机制的建设,则是将这一学习过程转化为实际行动的催化剂。通过设立奖励机制、表彰先进典型等方式,可以激发青年师生参与思政教育的积极性,促进师生共育互促的深入开展。这种机制不仅有助于提升青年师生的思想政治素质,还能培养他们的历史责任感和使命感,使之成为担当民族复兴大任的时代新人。

以"五史"学习为载体,从现实性上看,建设青年师生思政共育互促的激励机制是应对时代挑战的有效策略。当前,国内外形势复杂多变,各种思潮交织碰撞,对青年师生的思想观念产生深刻影响。面对这一现实挑战,加强思政共育互促的激励机制建设显得尤为重要。通过激励机制,可以引导师生正确认识时代特征和历史使命,坚定走中国特色社会主义道路的信心和决心。同时,激励机制还能激发师生的创新精神和实践能力,鼓励他们将

所学知识转化为服务国家、服务社会的实际行动,为应对时代挑战贡献智慧和力量。

以"五史"学习为载体,从历史性上看,建设青年师生思政共育互促的激励机制是传承红色基因的时代担当。"五史"学习是传承红色基因、弘扬革命精神的重要途径。在高中青年师生中开展"五史"教育,有助于他们深入了解党的光辉历程和优良传统,增强对党的认同感和归属感。激励机制的建设,则是将这一历史传承过程具体化的重要手段。通过表彰在学习"五史"过程中表现突出的青年师生,可以树立先进典型,发挥榜样引领作用,激励更多师生积极参与到红色基因的传承中来。这种机制不仅有助于弘扬革命精神,还能激发青年师生的爱国热情和民族自豪感,为实现中华民族伟大复兴的中国梦贡献力量。

显然,加强当前高中青年师生思政共育互促的激励机制建设,既是培养时代新人的内在要求,也是应对时代挑战的有效策略,更是传承红色基因的时代担当。近些年来,市西中学高度重视这一工作,勤于理论与实践的融合,探索了一套注重精神、鼓励为主、宣传展示并重的科学育人的激励机制,在推动青年师生思政共育上取得了实效。

二、建构青年师生思政共育互促激励机制的做法

(一) 搭建青年教师育人育德交流展示平台

1. 教工大会上的"传家讲坛",尽展青年教师风采

教育需要不断探索,交流增进不断了解。学校设立"传家讲坛",邀请青年教师分享读书体会、教育心得、案例特色,提出教改思想观点,阐述教书育人思想。近些年来,学校利用周五教工大会的时间,持续开展了数十场教师专场讲座。学校经常组织青年教师走上讲坛,2023 年 3 月学校举办"书香润心、杏坛论道"主题论坛,14 位青年教师分 2 组以沙龙座谈的形式向全体教职工分享他们寒假书评体会和案例论文思想。青年教师聚焦"为谁培养人?培养什么人?怎样培养人?"的核心思想,强调青年教师要保持着对"什么是教育"这个问题的无尽追问,在因时而变的教育环境中,持续探索;同时强调要关注学生的精神状态,鼓励学生阅读经典著作,培育具备独立的思想和灵魂的全人人格的学生。每年的暑假结束后,新学期伊始,同样组织青年教师分享读书体会和案例。2023 年 9 月,学校组织了青年教师孙安叔、陶亚云、金嘉颢、吴嘉雯等老师分享《有价值学习》《为深度学习而教》读书体会。青年教师通过读书,深入理解书中的教育理论,结合自己的教学实际,在实践中不断推进技

术融入教学,解决了学习的目的和动机,起到了融会贯通的效果。2024 年 11 月,青年教师张娜、徐厉、马媛媛、武亚茹等四位老师又走上学校"传家讲坛",就"支持兴趣发展,落实因材施教"分享了他们的教育跟踪性故事。交流中,表达了青年教师关心学生成长,激发学生动力,引导学生不断发展的拳拳之心,体现了青年教师的丰厚人文素养,表达了青年师生之间的融洽关系、向上情怀和精神信仰,富有启迪意义。

此外,学校也经常邀请高校专家教授、社会行业翘楚、关心学校发展的人士等走上"传家讲坛",分享他们对教育的理解,带给教师们最前沿的教育思想。2023 年 3 月,学校邀请华东师范大学马克思主义学院教师、博士生导师许瑞芳教授来校做"以系统观念推进大中小学思想政治教育一体化建设——学习党的二十大精神"主题讲座,讲座就如何理解党的二十大报告中的思政一体化建设,为什么要用系统观念来理解思政一体化建设,以及具体在中学如何推进一体化"大思政课"建设等问题做了深入的阐述,给了青年教师很大启发。特别是让青年教师懂得了从事教书育人工作,必须学习掌握思维方法,感悟出育人价值;要学会用系统思维,从国家和全球的角度来充分感受当今国家的繁荣发展与国际地位的显著提升;要学会从教育的全局视域,充分理解教育、科技、人才之间的密切关系,立足岗位,积极推进市西发展,为国家培养人才。在创建和推进学术性高中的过程中,学校还邀请华东师范大学陈玉琨教授走上"传家讲坛",就如何理解学术性高中,如何创建学术性高中,如何开展学术性活动,学术性高中要培育学生什么样的学术性素养等关键问题给青年教师精心指导和价值引领。学校还邀请警备区政治工作局秦宏峰上校给教师做全面国防安全教育讲座、教育部长江学者特聘教授朱国华先生做艺术欣赏讲座、华东师范大学中文系副教授查正贤先生做古诗词人文素养讲座、上海广播电视台节目主持人刘岗给教师上音乐党课、观看于漪老师的讲座录像,增强青年教师的育人任务与责任,增强学习教育家的情怀,增强师德师风的素养。

同时,学校党委发挥优秀党员的作用,经常性地组织党员走上"传家讲坛",开展实践探索和教改育新人感受与体会的分享,鼓励党员教师分享教育教学思想,鼓励师生相互学习讨论。2023 年 5 月,党委组织了党员正高级教师王家山、青年教师何仰东、陈雯、张娜,分别就"基于核心素养下的课堂教学情景导入""元认知策略的使用对高三英语写作教学的启示""基于技术融入教学高中思想政治"和"数学班学习小组的形成探究"等主题开展教学分享。2023 年 11 月,学校还组织了"学思想、强党性、重实践、建新功"实践项目交流和跟踪案例分享活动,安排了张娜、李学明、徐梦婷等青年党员教师交流分享,他们围绕教育教学,交流中既有共性,也有个性,用专业科研的方式展开,对青年教师有启发作用。通过交流,青年党员教师一方面展现了自己丰厚的学识,同时也把学校的教育理念融入教学,尊重、包容学生的选择和发展,展现教师的教学探索和教育智慧。党员老师们在交流中分享智慧和实践教学感受,给予青年教师极大的启发和引导,明确认识了立足讲台,融于学生,才能绽放人生教育事业的光彩。此外,学校还经常邀请老教师、年级组长、教研组长、学科带头人等登上"传家讲坛",分享他们的教学、班主任工作、年级与教研组管理工作,以及关心关爱学生成长的收获等。

2. 班主任研修的"德育论坛",相互切磋育人之道

市西中学认真学习贯彻习近平新时代中国特色社会主义思想,以"立德树人"为教育根本,不断探索育人育德科学方法,创新班主任研修方式,增强班主任研修成效,以班主任"德育论坛"的方式开展具体而实在的研修,以此更好地提升德育骨干教师工作水平,激发工作积极性,营造德育工作氛围。"德育论坛"既落实在日常每周的班主任研修中,也专门每年集中一个时间以德育年会的形式开展。

2021年以来,基本上每个学期学校负责班主任工作的学生发展处都要组织近10多场班主任主题讲座,至今已经组织了100多场主题论坛,论坛形式多样,有邀请教育专家来校做讲座辅导的,更多的是组织有经验、有特色、有思想、有作为、有成绩的班主任开展讲座,涉及面特别广泛,涵盖国家教育政策学习、教育文件法规解读、德育条例学习、学生常规思想教育、行为习惯教育、心理健康教育、疫情防控教育、学生体质健康教育、法治教育、宪法国家安全教育等,目的是在育人育德理念、思想、方法、策略等方面,指导青年班主任坚持德智体美劳五育并举,落实国家五项管理,增强育人育德水平和素养,从而教育和指导好学生全面而健康地发展。

2024年1月,学校全体班主任到松江一中开展校际交流并召开"德育年会",开展年度德育工作总结、新学年德育工作计划分组讨论、德育案例和论文分享、德育项目获奖者表彰、参观松江一中及与其深度交流等,此外还专门讨论了学校新学期在学生教育管理上的几份重要文本,如《研究院学生管理办法》《早晚锻炼考核与奖励办法》《拓展性论文考核与奖励办法》等。尤其是在"德育年会"上,青年教师撰写了许多具体而真实的教育案例,并进行分享,可谓是思维碰撞,激发育人火花。老师们在繁忙的工作中,专门抽出时间集中在一起仔细阅读和聆听其他班主任的德育案例,大家为同事们的精彩分享而感动和鼓舞,从中汲取了很多珍贵的育人育德智慧,有创建温馨班集体,建设优质家委会;有重视教育理论指导,注重学生内驱力培养;有把控自我情绪波动,积极反思育人策略。班主任的精彩交流,

既分享了各自的育人心得,也提出了不少值得班主任老师共同思考的问题,大家敞开心扉、相互借鉴,许多思想和策略极具智慧、内涵丰富,具有借鉴、普及和推广的价值。就更好地做好学生德育和班级管理工作,学校领导在年会总结中也高度凝练出班主任教育工作的"八对关系",即"大处与小处""整体与个体""积极与消极""主体与主导""主角与配角""情感与情绪""现象与本质""整合与创新",今天,如何处理好这"八对关系"已经成为市西中学新学年班主任工作的行动指南。

2024 年 11 月,在市西中学教育集团背景下,为促进初高中德育一体化发展,进一步总结巩固一年来集团职初班主任培训成果,促进集团全体班主任不断学习反思与成长,实现班主任专业化发展与学校整体发展相匹配,学校开展了为期两天的专题研讨和交流学习,与会班主任就学风建设、个性化教育、班级日常管理、劳动教育、校园文化活动等方面问题进行集中研讨,通过职初班主任培训汇报、高中优秀班主任德育案例的分享,以及班主任工作坊的成立仪式等,统一了德育工作的思想,明确了德育工作的任务,为后续集团德育工作奠定了基础。以 2024 年 1 月宣传教育处联动学生发展处开展德育年会、2024 年市西中学教育集团班主任专题研修方案为例:

【案例 33:2024 年市西中学德育年会方案】

一、指导思想

学校认真学习贯彻习近平新时代中国特色社会主义思想,以"立德树人"为教育根本。为了更好地提升德育骨干教师工作水平,激发工作积极性,营造德育工作氛围,特组织开展德育年会。

二、时间地点

2024 年 1 月 7—8 日,松江

三、内容

1. 参观学习考察

2. 德育案例、论文交流及表彰

3. 新学期工作交流

四、参加对象

年级组长、全体班主任

五、日程安排

日期	时间	内容	主讲人	主持人
1月7日	14:15—15:15	德育工作总结与展望；文本解读	许楠	许楠
	15:30—16:15	松江一中校长报告	潘校长	方秀红
	16:15	参观学校		
1月8日	8:30—9:30	分组讨论		各组长
	9:45—10:45	德育案例、论文交流及颁奖	胡佳、王晨曦、张娜、周毅恒、周家宏、徐欢欢、柳苏琴	王璐
	10:45—11:15	大组交流	年级组长、班主任	许楠
	11:15—11:30	领导讲话	方秀红	许楠

六、分组名单

1. 分组名单（年级组长和班主任代表汇报）

第一组：高一年级 15 人

组长：陈奇飞　记录：秦宏晓

组员：许楠、王璐、施唤、吴琪雯、胡佳、胡志成、黄蔚怡、徐梦婷、沈世皓、孙安舣、郑轩源、王晨曦、李淳

第二组：高二年级 15 人

组长：陈雯　记录：金嘉颢

组员：方秀红、杨靖华、杨正来、张娜、徐艳芬、张海霞、周家宏、夏童、周毅恒、张晓萌、戴蕾、王琰、陈旖青

第三组：高三年级 13 人

组长：徐厉　记录：章润发

组员：徐娟、屠翔天、柳苏琴、王家祥、李学明、陶亚云、金志琳、徐欢欢、陈思燕、俞文康、马媛媛

七、说明

（一）在研讨会结束时，会议记录者将记录发送至邮箱 ying934@163.com。

（二）汇总交流

1. 分组讨论交流稿请在研讨会结束当晚整理成电子稿，发送至指定邮箱 ying934@

163.com。

2. 每位交流者分享时间为 6 分钟以内。

附录：

1. 研究院学生管理办法

2. 早晚锻炼考核与奖励办法

3. 拓展性论文考核与奖励办法

【案例 34：2024 年班主任专题研修方案】

一、研修目的

为进一步总结巩固职初班主任培训成果，促进全体班主任不断学习反思与成长，实现班主任专业化发展与学校整体发展相匹配。

二、时间

2024 年 11 月 29 日、30 日

三、地点

浦东周浦

四、议题

1. 2023 学年职初班主任培训总结交流、优秀学员表彰

2. 班主任工作方法研讨及交流展示

3. 班主任工作坊启动仪式

五、参加对象

校领导、学发处、政教处主任、师训专管员、初中职初班主任培训班学员及初、高中全体在岗班主任等

六、日程安排

日期	时间	内容	地点
11 月 29 日（周五）	14:30	发车 （初中参观"何以敦煌"敦煌艺术大展）	总部发车
	15:00—17:00	初中：参观"何以敦煌"敦煌艺术大展	中华艺术宫
	18:30—20:30	分组讨论（讨论主题见附页）	会议室

续　表

日期	时间	内容	地点
11月30日 （周六）	8:30—11:00	1. 六个小组分主题交流汇报及点评	会议室
		2. 职初班主任培训汇报（2人） 高中班主任德育优秀案例交流（2人）	
		3. 职初班主任培训总结暨表彰	
		4. 集团班主任工作坊启动	
		5. 陈婧怡副校长讲话	
	13:30	发车返回	

附件2：分组名单及安排

（一）任务安排

11月9日　职初班主任培训分组并布置讨论主题及要求

11月11日—23日　分组讨论（安排资深班主任进组讨论并帮助职初班主任总结提炼）

11月26日　提交汇报发言初稿

11月29日　汇报发言

（二）分组讨论主题

组1：班主任如何在班级里进行有效的"学风建设"？

组2：班主任如何关注与尊重学生的个体差异，实施个别化教育？

组3：班主任如何正确应对学生中的偶发事件？

组4：结合学校工作，谈谈班主任的日常管理有效方法（包括早读管理、午餐管理、午休管理、日常劳动管理等）。

组5：班主任如何抓劳动教育？

组6：从爱校教育的角度谈学校六大校园节日及"3＋5"活动的建议。

（二）多种途径宣传展示青年师生共育互促

师生共育互促是在具体的实践活动中逐步开展的，活动中呈现出的典型事例、活动过程、活动反响等需要及时地总结和宣传，这是加强青年师生思想政治教育的有效途径之一。在组织开展"五史"学习过程中，学校特别注意通过多种宣传渠道引导和关注师生共育的一系列活动,动员和号召更多的青年师生参与学习,参与行动。用事实说话、用行动昭示,学校强调宣传教育的说服力、示范力、导向力、感染力,通过有计划、有目标、有典型的宣传,激发青年师生弘扬正能量,构建积极向上的良好氛围。

1. 各类校园宣传载体上的展示

2021 年以来,市西中学充分发挥两大宣传优势和平台广泛宣传青年师生共育互促活动。一是发挥"市西老家"新媒体公众号的便捷传播平台,组织师生通讯、排版和审核队伍,通过亲身参与、实地采访、撰写稿件,及时发布师生在校内外的学习与实践活动。宣传内容围绕"五史"学习,涵盖面极广,如"市西六大校园节日"、青年党校活动、学术性高中学生实践、重大节日或纪念日活动、各类法治教育、学术讲座、典礼仪式活动,以及校外各类实践活动报道等。据不完全统计,2021 年 1 月至 2024 年 12 月,学校在"市西老家"微信公众号平台上发布推文近 1200 篇,阅读量累计超过 25 万。各类师生活动推文品质高、内容精、影响大,目前"市西老家"已经成为市西中学对外宣传和辐射的一个重要窗口。

在新媒体宣传的基础上,学校依然注重传统宣传的方式,学校在校园内设置 12 块宣传橱窗栏,在力行楼前设置 2 块宣传专用栏,定期发布定期更新宣传内容。宣传栏围绕学校重点及中心工作,每学期更换三次,每次内容由宣传教育处精心策划,制定方案,确定主题,明确内容,动员学校各部门共同完成。力行楼专用宣传栏则每学期宣传"年度师德先进"和"学期十佳师生好人好事"。2021 年以来,共布置校园宣传栏 20 多期,力行楼专用宣传栏 16 块。这些图片和文字,日常呈现在校园中,师生时常驻足观看浏览,对学校校风学风、师生精神风貌等都起着良好的宣传作用,两个片区的宣传栏也已经成为市西校园中的一道亮丽的风景线。此外,学校也特别重视文本宣传,每年学校都会把高一学生寻访校友撰写的采访稿、高二学生文化游学撰写的课题,高二和高三优秀拓展性论文等编辑成册,印刷出来并发给师生和家长。同时,也把班主任优秀德育案例、党员开课的案例等编成专辑,印发给教师。

2. 各种主题文化活动上的展示

学校师生共育体现在丰富多彩的文化生活中,以每年的"庆祝五四青年"主题团日为契机,开展青年师生喜闻乐见的活动。2021 年 4 月,学校组织高一年级全体同学和教工团青年教师举行了"青春向党·奋斗强国"——2021 年市西中学"五四"主题团日活动。那年是中国共产党成立 100 周年,市西中学青年师生一起参观中国社会主义青年团中央机关旧址纪念馆,了解党的早期组织和共青团的建立,又参观学习了由高三 10 个班级团支部制作的建党百年来百位烈士事迹展板,缅怀先烈的同时,更明确自身所肩负的时代责任。师生还一起精心制作成短视频《追忆历史·缅怀先烈》在主题团日活动中播放,生动展现了青年师生积极学习党史的画面。2023年5月,为弘扬五四运动的光荣传统,弘扬中华民族伟大精神,培养青年师生爱国爱党的坚定信念,市西中学高一、高二年级全体青年师生进行了"生逢伟大时代,展现青春力量"主题团日活动,通过青年师生红歌合唱、上微团课、主题演讲和师生合作制作的微视频等形式展示青年师生新时代的风采,以此坚定理想信念,给校园注入了精彩与活力。2024年5月,为进一步弘扬五四爱国精神与市西青年奋进精神,学校青年师生开展"以青春之我,创造青春中国"五四主题团日活动。师生共同主持活动,参加人员和身份较往年有重大突破,市西中学教育集团教工团青年教师、高一高二年级全体学生、部分初中入团积极分子共同参与此次活动。活动形式多样,有教工团精心创作的微视频《育人·初心》、初高中生联袂诗朗诵《五四礼赞》、师生情景剧《循先辈足迹·从市西院士墙说起》、双语演讲"启民主新征程,逐青春复兴梦"等。

五四主题团日活动重在让青年师生面向当代社会,要坚持"清醒理性、使命责任、自信坚毅",要思考"如何立足当下、发挥五四精神",牢记五四精神"爱国、进步、民主、科学"的内核,保持清醒冷静的头脑,接过几代人接续奋斗的使命责任,既要有"舍我其谁"的勇气魄力,也要练就过硬的本领和能力;保持自信坚毅的状态,秉持厚积薄发的实干精神,不断向理想接近。

五四主题团日是青年师生展示的一个重要舞台,市西青年师生也利用很多其他途径一起演绎青春的故事,展示青春的风采。每年的"读书节"交流分享会上,师生一起畅谈阅读心得,彼此推荐优秀书籍。青年教师指导学生参与市区朗诵比赛、诗词大赛、时政大赛、演讲比赛、主题辩论赛、舞蹈比赛、合唱比赛、绘画比赛、体育健身比赛、跑进最美高校校园等活动,在实践活动中,青年师生相互融合,彼此激励,共同成长。

学校还特别鼓励在青年教师的指导下由学生自主设计、自主主办大型活动。每年学校都举办高中生公益微电影大赛。市西中学高中生公益微电影大赛已经举办八届了,历届大赛中,学生们都在青年教师的悉心指导下,把镜头聚焦社会、校园、社区,聚焦思想、观点和情感,竭尽所能呼吁社会各界关注那些"不一样"的社会百态和人生境界。2024年暑假举行的第八届高中生公益微电影大赛,青年师生秉持传统宗旨,传播公益理念,创新开拓发展,进一步细致地从身边出发,用我们的镜头、视角、语言、画面等让每一位高中生都能够通过自身不断地发现和观察,独立思考,养成善于发现勤于记录的习惯,成为一个善于观察、善于思考的人,发现生活中的美丽景色、身边公益实践的动人时刻、美好生活中的闪光灵感等,传播弘扬,让更多的人产生"共鸣"。

慈善音乐会也是青年师生展示的文化舞台。市西中学慈善音乐会是一个由学生自行发起组织的,旨在用音乐会的形式,通过筹集善款并进行捐助,向社会各界有需要的群体提供帮助的慈善公益性活动。音乐会已经举办十届,每年都有明确的主题,从"听见TA的声音""音绕桑榆,乐动孝心""音悦青春,智启未""音符呵护岁月,慈音助力未来",一直到2024年"音符启迪心灵,慈音助力成长"的主题。奉献爱心、助人为乐,是市西人的永恒追求。慈善音乐会由国际部的同学自行发起,得到全校学生的广泛支持和参与。策划团队每年把目光聚焦于社会的弱势群体,积极筹办音乐会,自活动开展以来已经筹集了近20万元善款,捐献给山区儿童、留守学童、困难老人、视障残疾人、养老敬老院以及上海慈善基金会等。活动既培养了学生团队合作能力和自身实践组织能力,又培养了学生关爱社会奉献社会的真诚爱心。

(三)定期开展师生眼中优秀教师评选表彰

学校也是一个小社会,这里的道德模范、先进典型、好人好事是校风学风和学校精神的生动写照,是引领校园精神文明建设的一面鲜明旗帜。发挥榜样作用,对激励青年师生,深入开展"五史"学习具有重大的推动作用。学校通过开展"学年度师德先进个人评选""年度精神文明十佳好人好事评选""市西之星""'三雅'集体和个人评选""优秀毕业生""美德好少年",以及优秀党员先锋和标兵等评选活动,引领青年师生凝心聚力,坚定理想信念。

1. 学年度师德先进个人评选表彰

为贯彻全国教师队伍建设若干意见精神和教育部、上海市教师行为规范要求,落实《新时代中小学教师职业行为十项准则》,进一步弘扬和践行教育家精神,推进市西中学教育集团教师队伍建设,激励先进,树立榜样,发扬优良的师德师风,尤其发扬在"双新"背景下,学校"教育教学新变革""学术性高中创建""市西中学教育集团一体化"推进中,市西中学教职工所展现出的积极精神风貌,学校党政工团从2021年以来,每年6月份都精心组织开展学年度师德先进个人评选。

每年的先进奖项都根据学校发展情况设置不同评选和奖励称号,2021学年度设置"爱生乐教奖""乐于奉献奖""专业精进奖""优质服务奖"和"团队引领奖",2022学年度设置"潜心育人奖""价值引领奖""知心导师奖""学术先锋奖"和"服务明星奖",2023学年度学校与时俱进,在弘扬和践行教育家精神的背景下,设置"行为世范奖""以文化人奖""因材施教奖""求是创新奖""甘于奉献奖"。

基于学校各个阶段的发展特点,在各类奖项评比上,学校发出评比的具体指导,主要围绕以下几个方面:在学生思想政治引领、理想信念教育、行为规范养成、社会责任感培育等各项德育工作上卓有成效的教师;在教育教学上注重课堂教学变革,教学效果突出,诲人不倦,成效明显的教师;在生涯指导、学科辅导、竞赛辅导、免修指导、心理辅导、校内外活动指导等工作上倾心育人,获得好评的教师;在教育科研、创建学术性高中过程中,特别是在拓展性论文、学术探究日课程、早晚锻炼、研究院实验室课程等方面兢兢业业,勤于钻研,成果显著的教师;在管理和服务上精心投入、追求服务品质、不计较时间精力付出、对学校各方面工作起到很好保障的教职工;其他在学校教育教学、管理、服务、学生活动组织与开展等方面取得突出成绩的教职员工。

评选过程广泛发动全体学生、全体家长、全体教师共同参与、共同推荐,充分体现民主集中制原则。2021年以来,学校每次评奖都是五大奖项,累计评出近80位师德先进教职员工。为鼓励先进,彰显示范力量,学校都会详细制定仪式活动方案,在每年的6月份学期休业式的场合举行隆重的表彰仪式,在9月10日的教师节再次表彰,并发布推文宣传及在校园大屏幕滚动播放这些教师的先进事迹。每年市西中学都开展年度师德先进评选活动,以2024年5月宣传教育处联动学校各部门开展的"市西中学教育集团2023学年度师德先进个人评选"为例:

【案例35:市西中学教育集团2023学年度师德先进个人评选方案】

一、评选目的

为贯彻全国教师队伍建设若干意见精神和教育部、上海市教师行为规范要求,落实《新时代中小学教师职业行为十项准则》,进一步弘扬和践行教育家精神,推进市西中学教育集团教师队伍建设,激励先进,树立榜样,发扬优良的师德师风,尤其发扬在"双新"背景下,学校"教育教学新变革""学术性高中创建""市西中学教育集团一体化"推进中,市西中学教育集团教职工所展现出的积极精神风貌,集团党政工团将精心组织开展2023学年度师德先进个人评选。

二、评选范围:市西中学教育集团全体教职员工

三、表彰称号、名额及评选条件

2023 学年度师德先进个人评选将设立"行为世范奖""以文化人奖""因材施教奖""求是创新奖""甘于奉献奖"五类表彰称号,初中和高中分开评选,每一类表彰人数 1—4 名,初高中各自总表彰数控制在 20 名以内,凡在本学年度工作中符合下列任何一项或多项条件者可参评。

1. 在学生思想政治引领、理想信念教育、行为规范养成、社会责任感培育等各项德育工作上卓有成效的教师;

2. 在教育教学上注重课堂教学变革,教学效果突出,诲人不倦,成效明显的教师;

3. 在生涯指导、学科辅导、竞赛辅导、免修指导、心理辅导、校内外活动指导等工作上倾心育人,获得好评的教师;

4. 在教育科研、学术性高中推进、研究院项目实施,特别是在拓展性论文、学术探究日课程、早晚锻炼、研究院教学与实践等方面兢兢业业,勤于钻研,成果显著的教师;

5. 在管理和服务上精心投入,追求服务品质,不计较时间精力付出,对学校各方面工作起到很好保障的教职工;

6. 其他在学校教育教学、管理、服务、学生活动组织与开展等方面取得突出成绩的教职员工。

四、评选方法及时间节点

日 期	实 施 过 程
5/17	集团文化建设部讨论酝酿并形成草案
5/24	集团文化建设部进一步讨论形成方案
5/20—27	提交集团办公会讨论,正式启动
5/27—31	班主任会议、班会课动员并布置 教工大会动员 初高中根据实际情况,组织学生及家长进行第一轮推荐,含事迹材料
6/10—13	汇总学生、家长推荐情况,集团办公会讨论确定第二轮推荐候选名单
6/14	初高中根据实际情况,组织教职工进行第二轮推荐
6/17	汇总推荐情况,集团办公会讨论确定表彰名单并公示

五、宣传表彰及时间节点

时间	实 施 过 程
6/17	启动宣传表彰策划与实施工作,建立工作小组
6/19	收集受表彰老师的事迹材料、照片等,讨论确定表彰典礼的方案,启动筹备表彰仪式工作
6/27	高中举行表彰典礼暨本学期休业式
8/20	高中部完成校园宣传墙的布置,迎接第三届学术节和新学年
9/10	初中部举行表彰、教师节学校大屏幕播放受表彰教师的微视频及照片

六、经费保障

1.绩效单项奖;2.表彰证书制作,宣传墙版面制作,预算1500元左右。

2. 年度精神文明十佳好人好事评选表彰

为全面学习和贯彻落实党的二十大精神,争创全国文明校园,锚定教育强国、科技强国、人才强国的国家战略,全面推进学校的教育教学改革,夯实基础学科教育,巩固各项课程革新实施,开创研究院实验室,全面推进学术性高中建设。近年来,市西中学广大师生精神昂扬,充满豪情,积极投身到丰富多彩的校园生活中;师生们勤于学业,乐于创新,教育教学不断持续高质量发展。学校党委多年来坚持开展并持续优化年度市西中学精神文明十佳好人好事评选,认真学习贯彻习近平新时代中国特色社会主义思想,积极弘扬社会主义核心价值观,树立典型,发扬先进,传递正能量,把爱国爱校落实到具体行动中。

2021年以"微光成炬向爱而生,敬业奉献蔚然成风"为主题,2022年以"聚是一团火,散是满天星"为主题,评选出学生团队"爱岗敬业奖"、学生团队"公益慈善奖"、学生团队"服务师生奖"、教师个人及团队"服务师生奖"、教师个人及团队"爱岗敬业奖";2023年以"共筑向上向善精神家园,铺展人美校美文明画卷"为主题,评选出"爱国荣校奖""爱岗敬业奖""服务师生奖""创新实践奖""奉献社会奖";2024年以"寻找身边的最美"为主题,评选出"最美助学者""最美志愿者""最美急救者""最美心灵守护者""最美敬业者""最美剧社指导者""最美和谐共进者""最美勇于突破者""最美攻坚克难者"。每年组织推荐自荐评选结束公示后,学校会精心策划一场盛大的表彰仪式,利用学期休业式,面向全体学生召开年度精神文明十佳好人好事表彰大会,通过诸如"热心服务暖市西""乐于奉献助他人""爱岗敬业引路人"等篇章形式热情讴歌年度市西先进师生生动感人的事迹,展现了市西人勇于担当、敬业奉献、热心公益等优秀品质。以 2023、2024 年宣传教育处在学校党委的指导下联动学校各部门开展的"共筑向上向善精神家园,铺展人美校美文明画卷——市西中学 2023 年度精神文明十佳好人好事评选"和"寻找身边的最美,积蓄文明的力量——市西中学教育集团 2024 年度精神文明十佳好人好事评选"为例:

【案例 36:共筑向上向善精神家园,铺展人美校美文明画卷——市西中学 2023 年度精神文明十佳好人好事评选方案】

一、指导思想

2023 年是贯彻落实党的二十大精神开局之年,市西中学努力争创全国文明校园,联系学校工作坚持以习近平新时代中国特色社会主义思想为指导,锚定教育强国、科技强国、人才强国的国家战略,全面推进学校的教育教学改革,夯实基础学科教育,巩固各项课程革新实施,开创研究院实验室课程,全面推进学术性高中建设。一年来,市西中学广大师生精神昂扬,充满豪情,积极投身到丰富多彩的校园生活中;师生们勤于学业,乐于创新,教育教学持续高质量发展。通过 2023 年度市西中学精神文明十佳好人好事评选,认真学习贯彻习近平新时代中国特色社会主义思想,激励弘扬社会主义核心价值观,树立典型,发扬先进,传递正能量,把爱国爱校落实到具体行动中。

二、活动主题:共筑向上向善精神家园,铺展人美校美文明画卷

三、具体做法

(一)宣传发动

12 月 18 日确定评选方案,12 月 22 日在全校教工中宣传发动,并通过年级组长班主任向学生传递,让全校师生知晓本次评选活动和相关要求。

(二)申报推荐

本次评选围绕市西在创建全国文明校园过程中,着力把学校建设成为锻造理想信念的熔炉、弘扬主流价值的高地、涵育中华文化的家园、滋养文明风尚的沃土这个宗旨,推荐评选师生在实际践行中涌现出的各类好人和好事。全校师生根据本方案,可以自荐或教工班组、班级推荐,可以申报个人项目,也可以申报集体项目,集体涉及人数最多不超过 8 人。申报类别如下:

1. "爱国荣校"类：教师为党育人、为国育才取得比较突出成绩的；学生自尊自强，明理诚信，在克服困难、立志成才等方面具有感人事迹的；学业突出，青春绽放，在传承文化、传播文明等方面取得突出成果，为校争光的；正直勇敢，以实际行动体现热爱学校、维护学校声誉事迹突出的。

2. "爱岗敬业"类：学生体现在个人或团队勤学善思、岗位工作勤勉、班级年级和学校工作组织开展有特色有成效，事迹突出的；教工体现在个人或者团队在教育教学等各项工作中倾情投入、深耕专业、无私奉献，或者团结协作为促进学生全面而富有个性发展出力，事迹突出的。

3. "服务师生"类：学生个人或团队热爱老师、班集体和学校，尊敬师长、友爱同学，热爱自然、热爱劳动，尽心尽力、无怨无悔为班级为同学为老师为学校服务，事迹突出的；教工个人或团队为了学校安全、学生发展的各项工作有序高效展开，为了年级组、教研组、备课组、项目组更好的工作开展付出更多额外心血，事迹突出的。

4. "创新实践"类：在"立德树人""五育融合"传承辟新教育、学生校内外文化与实践活动、"双新"教育与实验、研究院实验室项目等学术性高中创建过程中，学生或教工，个人或团队，有比较突出的创新实践做法和成效的。

5. "奉献社会"类：学生或教工关注社会、勤俭节约、热心公益，孝老爱亲，以己所长、尽己所能服务于社会，在社会上或社区中发挥了自己的积极作用，坚持较长一段时间里为社会或社区某具体工作或帮助某个人某群体出了力，事迹比较突出的。

申报表见附件。申报表填写好以后由年级组长或教研组长统一收齐，于2023年12月29日周五下午16:30点之前把申报表电子版打包发给党政办周晔老师。

（三）评审确定

学校召开党委委员和校务会成员联席会议，讨论确定2023年度市西中学精神文明十佳好人好事评选结果，并张榜公示。教工和学生的个人和团队项目总表彰数不超过十项。

（四）表彰宣传

1. 表彰大会：学校将于2023学年第一学期休业式上举行隆重的表彰大会。

2. 宣传发扬：每一个受表彰的个人或团队事迹将通过"市西老家"微信公众号进行分期分批宣传；同时，制作成展板，2023学年第二学期开学前在力行楼底楼大门两侧宣传墙进行宣传，浓郁校园文化氛围。

3. 获奖的学生个人项目，将与静安区、上海市"新时代好少年（美德少年）"评选（10类别"自尊自强""传承文化""明礼诚信""正直勇敢""勤俭节约""热爱劳动""孝亲敬老""勤学善思""热心公益""尊重自然")关联,事迹突出的优先推荐。

四、活动保障

(一)组织保障:党委负责,党政工团协同组织落实。

(二)经费保障:1.制作获奖证书;2.获奖教工纳入绩效奖励

【案例37:寻找身边的最美,积蓄文明的力量——市西中学教育集团 2024年度精神文明十佳好人好事评选方案】

一、指导思想

2024年是一个特殊且意义重大的年份。这一年,全党全国人民深入贯彻落实党的二十大精神、学习贯彻党的二十届三中全会精神、庆祝新中国成立75周年,市西中学教育集团坚持以习近平新时代中国特色社会主义思想为指导,锚定教育强国、科技强国、人才强国的国家战略,积极创建全国文明校园,持续推进学校教育综合改革,在集团化背景下创新推出"3+9"优秀学生长距离培养项目,激励师生持续奋斗。集团学校发展中心旨在通过组织开展2024年度市西中学教育集团精神文明十佳好人好事评选,激励弘扬社会主义核心价值观,树立典型,发扬先进,传递正能量,把爱党、爱国、爱校落实到具体行动行为中。

二、活动主题

寻找身边的最美　积蓄文明的力量

三、具体做法

(一)宣传发动

12月16日确定评选方案,12月20日在市西中学教育集团教工中宣传发动,并通过年级组长班主任向学生传递,让全校师生知晓本次评选活动和相关要求。

(二)申报推荐

本次评选围绕市西中学在创建学术性高中和全国文明校园过程中,着力把学校建设成为锻造理想信念的熔炉、弘扬主流价值的高地、涵育中华文化的家园、滋养文明风尚的沃土这个宗旨,推荐评选师生在实际践行中涌现出的具有突出表现的感人事迹。通过本次评选,发现身边的最美,让文明的力量推进市西中学教育集团教育高质量发展。

全校师生根据本方案,可以自荐或教工班组、班级推荐,可以申报个人项目,也可以申报集体项目,集体项目申报人数最多不超过8人。申报类别方向:

最美学生（含团队）：热爱学习，热爱劳动，创新创造，自立自强，孝敬长辈，帮困扶弱，团结互助，诚实守信，勇于担责，见义勇为。

最美老师（含团队）：爱岗敬业，乐于奉献，勇于创新，攻坚克难，率先垂范，因材施教，勤勉严谨，奋勇担当，热心服务，守护安全。

表彰称号将根据申报材料拟定合适名称，如"最美志愿者"学生个人奖、"最美学生创新奖"、"最美教师创新团队"等。

申报表见附件。申报表填写好以后由年级组长统一收齐，于 2024 年 12 月 27 日周五下午 16:30 点之前，高中把申报表电子版打包发给许楠老师，初中把申报表电子版打包发给顾继恩老师。

（三）评审确定

学校召开集团办公会议，讨论确定 2024 年度市西中学教育集团精神文明十佳好人好事评选结果，并张榜公示。教工和学生的个人和团队项目总表彰数不超过十项。

（四）表彰宣传

1. 表彰大会：学校将于 2024 学年第一学期休业式上举行隆重的表彰大会。

2. 广泛宣传：每一个受表彰的个人或团队事迹将通过"市西老家"微信公众号平台进行分期分批宣传；同时，制作成展板，2024 学年第二学期开学前在力行楼底楼大门两侧宣传墙进行宣传，营造校园文化氛围。

3. 获奖的学生个人项目，将与静安区、上海市"新时代好少年（美德少年）"评选（10 类别"自尊自强""传承文化""明礼诚信""正直勇敢""勤俭节约""热爱劳动""孝亲敬老""勤学善思""热心公益""尊重自然"）关联，事迹突出者优先推荐。

四、活动保障

（一）组织保障：党组织负责，党政工团协同组织落实。

（二）经费保障：1. 制作获奖证书；

2. 获奖教工纳入绩效奖励。

上海市市西中学党委

上海市市西中学教育集团学校发展中心

2024 年 12 月 13 日

第四章　青年师生思政共育互促成效

在当前教育改革的浪潮中,青年师生的角色与互动方式正经历着前所未有的变革。经过三年的实践研究,青年师生在课程学习、校园文化活动、社会实践活动等途径载体中共同学习、相互促进、共同成长,取得了积极明显的成效。我们对"青年师生思政共育互促"的预期目标得以实现。

第一节　促进了新型青年师生关系的建构和教学相长

青年师生思政共育互促,有利于促进新型青年师生关系的建构,使青年师生成为良师益友。在这种良性关系的建构过程中,以下几种教育途径,发挥了举足轻重的作用:首先是各类导师的自主选择,其次是各类选课的讨论场,最后是班级管理过程和课后的文体活动。

一、各类导师自主选择上青年教师广受学生青睐

在深化个性化教育实践探索的过程中,市西中学高度重视学生的个性化成长以及教师的个别化指导。为此,学校构建了"三类导师制",包括生涯规划导师、免修生导师和拓展性论文导师。每位学生都有机会自主选择两位心仪的老师作为自己的导师。近年来,随着青年师生思政共育互促实践研究的不断推进,越来越多的学生明显倾向于邀请青年教师担任他们的导师,而青年教师也积极响应这一需求,乐于承担起三类导师的责任。

我们认为,这种现象背后的原因主要有两个方面:首先,青年教师具备特定的优

势,如比较有活力,有较新的知识结构,对新事物的快速接受能力等;其次,在青年师生思政"共育"过程中,他们更容易和学生建立起情感纽带,师生之间更易于相互理解和信任。这种基于共同成长目标而形成的良好关系,不仅促进了学生的发展,也为青年教师提供了宝贵的教育经验。

(一)生涯导师是学生成长道路上的陪伴者、指导者

生涯导师承担着引导学生进行生涯规划的重要职责,他们致力于帮助学生深入了解自我,发掘兴趣所在,明确个人发展目标,并协助制定实现这些目标的具体策略。青年教师由于与学生年龄相仿,往往能更好地理解学生在成长过程中遇到的困惑和挑战。凭借较新的知识体系和信息资源,青年教师能够提供更加符合时代特点和学生发展需求的生涯指导。同时,他们充满活力和创新精神,在对学生进行生涯指导的过程中善于运用新颖的方法来激发学生的学习兴趣和内在潜能,使学生能将长远的人生目标和当下的学业目标有机结合起来。

表 1 2023 学年担任高一学生生涯导师教师名单(阴影部分为青年教师)

生涯导师	学生人数	生涯导师	学生人数	生涯导师	学生人数
方秀红	5	郑轩源	1	李安妮	1
冯思聪	5	李淳	14	张蒙	3
张颖	2	谢琰	3	王晓嬿	2
胡佳	8	蔡凯文	1	朱妍祺	12
夏童	3	丁晓峰	6	郭心仪	10
陈泽辉	12	陈晓涵	1	刘海燕	2
徐娟	1	丛聪	1	顾妍婷	3
耿莉莉	6	徐宁远	1	秦宏晓	11
王纪华	5	黄嘉婴	4	胡志成	13
王璐	9	张蕾	12	黄蔚怡	12
赵欢	1	许珂	15	章润发	4

生涯导师	学生人数	生涯导师	学生人数	生涯导师	学生人数
杨伟帆	1	王巍	3	徐梦婷	14
张海霞	3	吴嘉雯	5	孙安叙	12
黄霁雯	3	林亚娟	12	郑岚	11
马媛媛	1	徐天放	18	邓浩	5
张晓萌	4	廖媛	9	王晨曦	14
吴琪雯	14	张中本	10	姜新瑜	6
陈奇飞	4	钱晋	5	施唤	13
沈世皓	15	顾圣婴	3	张舒郴	7
张凤仪	12	张韵	5	秦捷	1

2023 学年担任高一学生生涯导师的教师一共 60 人，其中青年教师(35 岁以下)38 人，占比 63.33%；学生一共 310 人，其中选择青年教师作为导师的有 185 人，占比 59.68%。

(二) 免修生导师是学生个性化学习的辅助引领者

市西中学实施的免修制度，为在特定学科上具有显著优势的学生提供了更加灵活的学习时空配置。这些学生可以在学期结束前提交免修申请，利用假期时间自主学习下学期的课程内容，然后参加开学前的免修考试。如果考试成绩达到规定的标准，他们便可以在新学期免修该科目的常规课程，从而有更多时间用于深化对该领域的探索，或拓展其他感兴趣的知识领域。此外，学生们还有机会邀请一位导师，对自己进行个性化指导，以促进自身学业的发展。对于刚刚从高等教育院校毕业不久的年轻教师而言，他们不仅拥有较为新颖的知识体系，而且对新理念和技术接受度较高，这使得他们能够灵活采用多样化的教学策略，来满足高潜力学生的学习需求。他们倾向于尝试如项目式学习、翻转课堂等非传统教育模式来进行教学。这些方法有利于激发免修学生的批判性思维能力和独立解决问题的能力，进而促进他们对所学知识的理解与掌握，他们还可以指导学生展开创新性课题研究，发展其兴趣，提升其能力。

表2　2023 学年担任高一高二免修学生导师的教师名单(阴影部分为青年教师)

第一学期免修导师	学生人数	第一学期免修导师	学生人数	第一学期免修导师	学生人数	第二学期免修导师	学生人数	第二学期免修导师	学生人数	第二学期免修导师	学生人数
谷煜	1	陈婧怡	1	夏童	2	谷煜	4	张凤仪	2	夏童	6
顾妍婷	2	戴蕾	2	徐娟	3	顾妍婷	7	戴蕾	5	徐娟	1
柳苏琴	1	刘海燕	3	依秀春	3	胡志成	10	郭心仪	1	依秀春	2
邱俊铭	1	罗凤琴	2	李学明	2	黄蔚怡	1	金嘉颢	1	李学明	1
许楠	1	钱金袁	1	马媛媛	3	孙安叔	2	罗凤琴	2	张晓萌	1
杨俊杰	2	徐厉	6	张晓萌	1	徐梦婷	2	姚绮蓓	1	陈雯	2
姚杰	2	王丽丽	4	陈雯	4	杨俊杰	1	徐厉	3	施唤	4
周家宏	3	吴嘉雯	2	杨伟帆	1	郑岚	3	张蒙	7	王晨曦	3
周毅恒	1	徐欢欢	1	杨贻	2	周家宏	2	朱妍祺	2	王璐	4
庞良绪	3	徐宁远	4	张海霞	1	姚杰	1	王巍	4	赵欢	1
陶亚云	1	徐云娴	1	赵欢	1	陈奇飞	2	徐宁远	2	林亚娟	1
王琰	2	胡佳	2	方秀红	1	金建军	1	许珂	3	武亚茹	2
徐艳芬	1	刘天澍	1	金志琳	1	李淳	3	张蕾	7	廖媛	2
张娜	1	屠翔天	1	陈晓涵	2	庞良绪	3	白文静	3	张韵	1
徐天放	1	王纪华	1			沈世浩	2	陈泽辉	1	徐天放	1
						王琰	2	耿莉莉	3	胡佳	5
						徐艳芬	19				

2023 学年第一学期,担任免修生导师的教师一共 44 人,其中青年教师 21 人,占比 47.73%;学生一共 82 人,其中选择青年教师作为导师的有 40 人,占比 48.78%。第二学期,担任免修生导师的教师一共 49 人,其中青年教师 30 人,占比 61.22%;学生一共 149 人,其中选择青年教师作为导师的有 78 人,占比 52.34%。

(三) 拓展性论文导师是学生研究性学习的指导者

为了响应国家关于拔尖创新人才培养的战略部署,也为了响应上海静安区教育局提出的"高中分类协同发展"的规划,市西中学于 2021 年 3 月正式启动了学术性高中的创建工作,并推出了一系列重点实践项目,包括:人人参与拓展性论文写作、每日早晚锻炼计划、每周学术探究日课程以及年度学术节。其中,"人人拓展性论文"项目旨在让每位学生都能亲身体验从选题、开题、中期论证再到结题答辩等完整的课题研究过程。在此过程中,学生们可以自主选择一位老师作为自己的指导教师,来协助自己完成研究和写作。值得注意的是,尽管部分青年教师的教学经验尚有不足,但他们却受到了学生的广泛欢迎。这主要得益于青年教师对于科研的热情,以及他们主动支持学生的探索之旅的意愿。此外,由于青年教师往往拥有更加新颖独特的研究视角,因此能够有效激发学生的创造力,完成出色的课题研究;同时,他们更倾向于与学生建立一种平等互动的关系模式。这种氛围有利于使得学生在整个研究过程中保持积极主动的态度和持续高涨的兴趣。

表3　2023学年担任高二高三学生拓展性论文导师的教师名单(阴影部分为青年教师)

高二、高三论文导师	学生人数	高二、高三论文导师	学生人数	高二、高三论文导师	学生人数
白文静	4	刘天澍	2	武亚茹	10
边懿君	1	刘欣	1	徐欢欢	9
陈婧怡	1	柳苏琴	6	徐娟	9
陈思燕	10	陆华	2	徐厉	1
陈雯	2	罗凤琴	1	徐艳芬	1
陈学政	1	陆琳琰	5	徐云娴	8
丛聪	1	马媛媛	10	许楠	3
戴佩芝	3	钱金袁	1	杨浩	14
高磊	1	钱晋	2	杨文科	1
耿莉莉	1	秦捷	4	杨贻	10
顾圣婴	4	邱俊铭	3	姚绮蓓	1
郭荣球	1	申炜	3	依秀春	5
黄梅	1	沈世皓	4	俞文康	6
姜新瑜	3	陶亚云	4	袁仲璞	1
金志琳	4	屠翔天	5	张海霞	2
康元艺	4	王纪华	5	张蒙	3
李斌	4	王家山	3	张晓萌	7
李学明	7	王家祥	18	张韵	2
廖媛	5	王巍	8	张颖	5
周毅恒	4	周健荣	3	章润发	13
赵晶晶	1				

担任三个年级学生的拓展性论文导师的教师一共110人,其中青年教师(35岁以下)69人,占比62.72%;学生一共634人,其中选择青年教师作为导师的有437人,占比68.93%。

【案例38:相关的问卷调查结果】

本课题组运用问卷调查法对青年师生关系情况做了调查,共有341名学生参与问卷。问卷结果显示:当学生被问及"你更倾向于和哪个年龄段的老师一起讨论时政热点问题"时,有64.22%的同学选择了青年教师;当学生被问及"你心里苦闷时更愿意向哪个年龄段的老师倾诉"时,有68.62%的学生选择了青年教师;当被问及"你认为你身边的青年教师对你的思想品德养成正面影响大吗"时,有57.77%的学生认为"影响很大",有35.78%的学生认为"影响比较大"。100%学生认为青年教师对自己有积极正面影响。

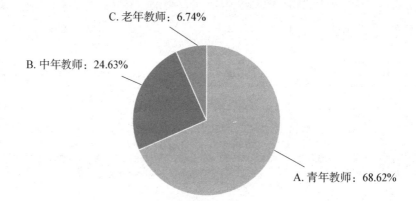

图1 学生心里苦闷倾诉老师的选择

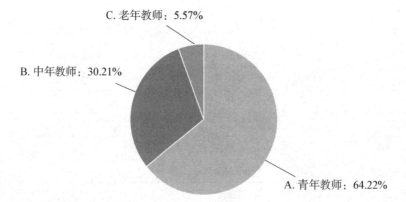

图2 学生讨论时政热点问题老师的选择

二、各类选课讨论场上青年教师颇受学生欢迎

在市西中学的教育环境中,各类选修课(包括社团活动)和思维广场课程已成为丰富学生知识和经验的重要途径。青年教师凭借其独特的优势,在这些课程中成为了学生们的首选。青年教师在与学生的互动中展现出的高度热情和耐心,是他们广受欢迎的重要原因之一。在社团中,青年教师往往会有更高的参与度,带领学生开展丰富多彩的社团活动;在选修课方面,青年教师开设的课程往往新颖有趣,同时又有着深厚的学术底蕴。青年教师们这种全身心投入的教学态度,极大地增强了学生对他们的信任和敬仰。

(一)青年师生积极开创社团

社团的意义在于培养学生的兴趣与特长。传统教育往往偏重书本知识的灌输,而忽视了学生兴趣的培养和特长的发展。在市西中学,青年师生积极创建各类社团并积极吸引学生参与,也有学生成立社团邀请青年教师担任指导老师。目前,市西中学已开设十余个社团,其中90%是由青年师生进行指导,这不仅有助于激发学生的学习热情,还能帮助他们找到未来可能的发展道路。

青年教师指导的社团能够促进校园文化的多元化发展。每个社团都有其独特的文化,它们的存在丰富了校园生活,增加了学校对学生的吸引力。这种文化的多样性不仅能让学生在各自感兴趣的领域内得到成长,还可以促进学生的全面发展。青年教师开创社团具有重要的教育意义。它不仅能够培养学生的兴趣和特长,提升他们的社交能力与合作能力,还能丰富校园文化,促进师德师风建设和教师的专业发展。在这一过程中,青年教师扮演着"桥梁"和"灯塔"的角色,通过实际行动实现教育的目的,引领学生走向更广阔的未来。

【案例39:从"知音"走向"知心"——"民谣社"里的教育故事】

我和陆泊明的相遇是在2022年的9月,那时候我刚刚发起、创立了新的学生社团"民谣社",陆泊明是第一批参与到社团中来的学生。第一次见到小陆同学,觉得这是一个腼腆的孩子。他在第一次社团活动中给大家弹唱了一首王菲的《如愿》:"爱你所爱的人间,愿你所愿的笑颜,你的手我蹒跚在牵,请带我去明天。"歌词中充满着对于人间的大爱和对他人的

友善。我当时就觉得,这是一个很特别的孩子。而我想做的,就是能够在社团活动的时间里,利用吉他这种乐器,培养他的自信心,希望他以后能够成为独当一面的人。后来的事情证明,他做到了。

为学生提供舞台,静待心灵之花盛开。"民谣社"初创,其实很多学生参与社团只是来捧场的,并不会吉他,也不懂音乐。因此,初期的社团活动,以大家一起唱歌、学歌、学琴为主。每次活动,我都会让小陆同学演唱一首歌,以此帮助他深入地发展自己的爱好。实际上,小陆同学唱歌有些跑调,但是歌声里充满真挚的情感。我告诉他说:唱歌是为了表达内心的情感,不一定都要唱得像歌手那样。小陆同学更多的风采,其实是展现在了为社员伴奏方面。后来我们开发了新的社团活动——"为你唱歌"。全校师生都可以在平台上点歌,我们会"空降"到点歌人所在的地方,一起唱给他/她听。这段时间,小陆同学的吉他技术突飞猛进,校园里的各个角落,都留下了我们的足迹和歌声。到了学期末,我们社团在展示活动中,开了一场《民谣音乐发展史》的讲座。讲座的形式是由学生介绍民谣的历史,并穿插着对于经典民谣音乐的演奏。在那场讲座中,小陆同学大放异彩,赵雷的《成都》、罗大佑的《童年》、李健的《贝加尔湖畔》,都是由他所演唱或者伴奏。其中《贝加尔湖畔》这首曲子,更是成为了他在校园"慈善音乐会"上演出的曲目。

就这样,一步步地,我和小陆同学成为了真正"知音",然而,接下来的日子里,我们由音乐互相走近,继而成为了"知心"的伙伴。

着眼学生未来发展,真心诚意陪伴成长。小陆同学经常会到我的办公室来,因为我的吉他摆在这里,他可以经常来练琴。有一天,他在阳台唱着新学的曲子,是赵雷的《我记得》,我在旁聆听,惊讶地发现他唱歌已经没那么跑调了。这时,他突然转过头问我:章老师,我以后也想当老师。他的这句话,让我想起了自己从事教育行业的初心。虽然我肯定不是唯一一位影响到他,使他确立要把教师当做未来择业目标的人,但是我相信我也给了他一些正面的影响。于是,我就把自己选择老师这个职业的原因,我的读书经历,我找工作的经验,全都分享给了他。

2023 年的暑假,我们社团负责学术节的展示活动,从上午 8 点开始,我们要展示三场民谣音乐表演,每场三十分钟。到中午,我们还要一起负责社团招新活动。在这密集的活动中,陆泊明同学毫不怯场,和另外两位同学非常出色地完成了任务。我想,在这一年里,我们从"知音"走向"知心",他成长了很多很多,而我,也收获了很多很多。

——语文学科青年教师章润发

　　我与章润发老师相识于高一。在民谣社的初次见面让我对这个弹得一手好吉他的年轻老师迅速产生了好感。在日后的相处中,章老师以他低调的做人风格和温柔的性格呵护着每一个民谣社的社员;社团活动中,他让我们分组练习,会随时关心每一小组的学习和练习进度,在每次每个小组的成果验收时都会笑脸盈盈地表示肯定,对于不足之处也是以"建议"二字向我们提出改进意见。在民谣社的一年里,章老师给我琴技上的指导让我之后的弹奏变得更加细腻;他做事的风格也让我看到了他的包容,在日后和同学的相处过程中也会学着尽量多一点包容。

　　除了社团生活,章老师在学校的其他活动也给我们留下了深刻的印象:从民谣社来回穿梭于校园时背着吉他的文艺青年,到艺术节上表演唱跳 rap 打篮球的开朗大男孩,我们班的同学们对他好评如潮、赞赏有加。我和组员们毫不犹豫地选择了章老师作为我们文化游学的导师,在出发前,章老师对于我们的课题方向进行了非常严格的把控。在旅途中章老师和我们玩成一片;在当地,章老师在得知组员跟丢的情况下迅速返回寻找;自主研学时在我们顾虑害怕与陌生人主动沟通的时候挺身而出进行询问;在公园里看到雕塑上的诗词就主动给我们讲解……回到上海,面对我们很粗糙的课题时,章老师花了一整天的时间,从论文的框架再到每一个段落的细节,提出了很多修改意见,让我们顺利地完成了课题。在第二学期的各个活动中,章老师展现着他作为青年教师的活力,和学生友好相处;他对待学术的严谨态度和他娱乐休闲时对待学生的和蔼也让我明白应该如何高效投身于学习任务中以及劳逸结合的必要性,他在论文写作方面给予我们的指导也让我个人在拓展性论文的撰写过程中得到了启发,让我对于论文撰写的方向有一个清晰的规划和把握。

　　在我眼中,章润发老师待人温柔、关爱学生、严谨治学,在各项活动中让我认识到一个充满活力的章老师,在团队研学和论文撰写时让我看到一个认真负责的章老师。他虽然不是我们班的语文老师,但是无论是我的兴趣爱好,还是我的论文撰写,甚至是我的人生规划方面(之前去他办公室玩吉他的时候交流过我的职业规划),他都教会了我很多东西,让我从一个做事没什么分寸的毛头小子逐渐变成一个懂得规划、有一定做事能力的学生。我真的很珍惜这样优秀的老师。

——2022 级民谣社学生陆泊明

(二) 选修课程百花齐放,学生能力节节高升

　　在选修课程中,青年教师常常带来新的学术观点和最新的研究成果。他们的教学内容更加贴近当前学科发展的前沿和行业动态。这种及时更新的知识体系不仅满足了学生对最新知识的渴望,也增加了学习的趣味性和实用性。青年教师在课堂上往往表现得更加活泼,他们倾向于使用互动式教学和现代教学工具,这些方法极大地提升了学生的学习动力和参与度。所以青年教师所开设的选修课尤其受到学生的欢迎。这一点从相关数据上得到了明确的证明。2024 年市西中学共有 671 位学生参与了选修课,其中有 550 位同学选择了青年教师的课程,占比高达 81.96%。这一数据表明,青年教师的教学方式和内容深受学生喜爱,并有效地激发了学生的学习兴趣和参与热情。

【案例 40:《疯狂地理研究院》校本课程设计和青年教师感受】

地理实践力是地理学科的核心素养之一。传统的地理课堂很难让学生通过户外活动考察、社会调查、实地工作、田野工作观察理解地理现象以及分析、解决地理问题。市西中学学术探究日课程给了地理教学走出教室和校园的机会,两位青年地理教师开设了《"疯狂地理"研究院》研究课,在学术探究中加强地理实践力的培养。

1. 走出校园展开实践探究

"疯狂地理"努力走出校园,进行社会和野外实践。依托上海自然博物馆,进行"地球演化史"的课程开发。这是因为上海自然博物馆内容丰富,形式多样,学生的学习感受会更为直观。教师会提前去踩点,明确自然博物馆哪些资源可以开发利用。自然博物馆课程的开发参考漫思实验室的教学形式,实地考察前我们会建议学生利用 TeachAi 和空中课堂的线上视频资源预习,以掌握一些基础知识。然后带着我们设计的学习任务单去上海自然博物馆实地考察探究。我们今后还准备和生物学科展开上海自然博物馆课程的联动。

课程还设计走访了后滩湿地公园,进行"海绵城市建设"的实地考察。了解其水质净化系统、生态防洪体系的综合功能。在这次考察的启发下有位同学还做了跨生物学科的《湿地公园与普通公园水健康比较》课题研究。教师团队还考察了气象博物馆、同济大学深海探索馆等,后续会展开进一步的课程开发。

2. 活动设计融入校园文化

课程还鼓励学生为文史节设计"校园地理文化大发现"的定向越野活动。活动旨在让学生结合对校园文化的了解,充分运用地理知识和工具,通过定向越野、闯关答题的方式,落实地理实践力,实现五育并举的育人目的。比如有一个关卡要求学生寻找校园"喀斯特地貌",其实是通往食堂的露天楼梯因为涂料中的石灰遇水长期作用下形成了"石钟乳",这无疑考察了学生的地理观察能力,也反映了他们对校园的热爱。还有一个关卡要求学生说出校名的命名时间,并解释我校位于市中心为什么叫"市西"。在解释这个问题的过程中学生也能感受城市化过程中上海中心城区的扩张。学生在参赛过程中能够对校园地理文化加强认同感、提升自豪感。

校本课程设计时增加校外参观和实践活动的比重,对于学生视野的拓展及学习力的培养具有积极的意义。这种教学方式能够使学生置身于真实的环境中,亲身体验并感知所学知识在实际生活中的应用与意义,同时能够促进学科间的融合与交叉,激发学生的跨学科思维。同时这种育人方法的有效性也体现在师生共同成长上。青年地理老师通过这种教学方式,不仅能引导学生学习地理知识,还能够从学生身上获取新颖的想法和见解,促进自身的教学发展和专业成长。同时,学生在参与实践活动和研究性学习的过程中,也会培养出批判性思维、团队合作能力等一系列重要素养,实现了师生共同成长。这种以研究性学习为主的教学方式,为学生提供了更加真实的学习环境,有利于增进师生的了解,有利于传帮带,通过开展校内和校外的实践活动,学生得以亲身体验所学知识在实际生活中的应用与意义,从而增强了他们对知识的理解和记忆。同时,也激发了学生的学习兴趣,使他们更加主动地参与到教学活动中,提高了学习的积极性和主动性。

——地理学科青年教师金志琳、戴佩芝

(三) 思维广场青年师生主题讨论中的学生思维绽放

思维广场教学是市西中学自 2012 年起开始推行的新型教学空间变革实践,旨在通过开放性的讨论平台,鼓励学生就各种社会热点和文化现象进行深入交流。到了 2019 年,学校更进一步,开始了人文学科跨学科融合式教学的探索。这种教学模式不仅拓宽了学生的知识视野,还培养了他们的批判性思维和创新能力。

青年教师在这一课堂环境中以其开放的思维和包容的态度受到学生的广泛欢迎。他们通常更愿意听取并尊重学生的意见,能够从学生的视角出发,引导学生讨论朝着建设性和反思性方向发展。青年教师往往拥有更强的同理心和更少的权威性,这使得学生在他们的带领下更愿意表达自己的观点,也更容易在讨论中形成共鸣。思维广场教学模式为市西中学注入了新的教育理念和方法,而青年教师则是这一变革的重要推动者和实践者。他们在教学中展现出的创新精神和人文关怀,极大地促进了学生的全面发展。

【案例41:青年教师的思广课程主题讨论设计理念与学生感受】

作为青年教师,我深知激发学生的兴趣、启发他们的深度思考并培养他们跨学科的思维能力是教学的核心目标。因此,在策划"工具"主题的跨融思维广场讨论题时,我特意选取了刘慈欣的短篇小说《诗云》作为引子,设计了这样一道题目:在刘慈欣的短篇小说《诗云》中,超级文明利用强大的技术能力,穷尽了所有可能的汉字组合,以期望创作出超越李白的诗歌。这一情节引发了关于工具与创作之间关系的深刻思考。结合现代AI写作技术的发展,我们如何理解并看待这些工具? 刘慈欣的作品不仅深受学生的喜爱,也以其宏大的想象力和深刻的主题,为他们提供了一个极佳的思辨平台。

首先,我认识到要吸引学生,必须找到与他们生活密切相关的内容。在当前这个信息爆炸的时代,AI写作技术已逐渐进入人们的视野,并引起了广泛的讨论。因此,将这一现代技术与《诗云》中的超级文明技术相结合,能够迅速引起学生们的兴趣。

其次,我通过问题设计,引导学生从多个角度思考工具与创作之间的关系。我鼓励他们不仅关注技术本身,还要思考技术如何影响甚至改变创作的本质。这样的问题设计旨在激发学生的批判性思维,培养他们的独立思考能力。

最后,我注重营造开放、包容的讨论氛围。在讨论过程中,我鼓励学生积极发言,分享自己的观点和看法。同时,我也认真倾听他们的意见,并适时给予引导和反馈。这样的互动方式能够让学生感受到自己的参与是有价值的,从而更加积极地投入讨论。

——语文学科青年教师孙安舣

当代青年人,对于追求社交、交流带来的归属感,甚至胜过对生存的追求。在最近一次以"交流"为主题的跨学科思维广场命题时,我出了这样一道题目:

随着时代的变迁,人类社会交往的方式不断发生变化。伴随着全媒体时代的演进,青年群体社交方式的变革也越发明显,"搭子社交"便是其中一种重要形式。2023年4月,DT财经与DT研究院联合发布的《2023搭子社交小报告》显示,52.8%的青年至少拥有一个搭子。在没有搭子的人中,也有52.2%的受访者表示想要拥有搭子,明确拒绝搭子社交的受访者只占总人数的4.2%。"搭子社交"嵌入青年日常交往的多个层面,逐步融入其现实的人际交流行动中。请谈谈你对这一现象的思考。

在命题时,我有意结合了学情和与学生交流、相处的经验,希望引导学生们通过这道题的讨论,在学习和生活上都能有所收获。我注意到"搭子"文化在我的学生群体中非常普遍,同学之间流行"饭搭子""球搭子""百词斩搭子",与此同时,也有很多学生表现出对这种交友模式的困惑。在考量了学生心理特点后,我仿照高中语文现象类作文的出题风格,形成了这道题的命题思路,希望启发学生们思考搭子社交这一现象在当下流行的原因,以及对学生乃至整个青少年群体的多维影响,进而培养学生们关注、解决生活问题的意识和思辨现象的能力。在实际讨论中,不少学生对这道题展现了高昂的兴趣,在讨论中碰撞思维火花,在思维广场中切实提升思维品质。

——语文学科青年教师秦宏晓

思维广场是我校的一大特色课程,在这里,各类文科学科在独立的基础上又相互融合,为我们创造出了一片自由的文科海洋。在如此丰富的课程中我最喜欢"衡虑"讨论空间的语文课,而徐梦婷老师的授课最令我印象深刻。我们曾在这儿一起讨论过:《红楼梦》中元妃省亲四出戏埋下的伏笔;蝴蝶效应、木桶原理的具体案例分析;一段关系中应坦诚为上还是隐瞒错误……徐老师总会先简要剖析题目,引导我们自主思考问题,并在同学分享时给予鼓励和肯定。最后总结评价的环节,徐老师总会结合一些相关的诗词或其他文学作品提出来自文学界的权威观点;或是运用日常生活中的实例,引发共鸣将抽象概念具体化;抑或点拨我们从另一个全新角度思考,引发我们更加深入地探索。徐老师的课程活泼生动,兼具知识与趣味,令我受益匪浅。

——2023 级高一学生黄若茜

"博闻强识而让,敦善行而不怠,谓之君子。"于我而言,我尤为钟爱王璐老师的历史"思广"课堂。在"敦行"讨论室,令我感受颇深的是输出与输入的对等。非如普通课堂的传统,在讨论过程中,王老师不会干涉我们的思维碰撞,而是让我们在尽情辩论中慢慢发现问题和真相。当然,面对观点之争鸣,意见之分歧,王老师非为"法官",而是鼓励众人畅所欲言,嘉许每一言之价值,引导思考之深邃。有时,我或许因为表达欲太过强烈,导致发言过于冗长,王老师却会赞赏我的独特之见解,又精确地为我向大家概括。这既提高了讨论的效率,也让我更加敢于发表观点。让我印象最为深刻的是一场关于"外交"的讨论。在讨论的最后,王老师把大家零散的发言用一条线索串联起来。从一战的本质——非正义的帝国主义掠夺战争,到二战"反法西斯联盟"的正义性,再到如今联合国体系下的国际合作……王老师用清晰的线索让同学们明白了世界外交的发展。王璐老师的课堂,使我窥见历史之深邃,领略思想之广阔,爱上历史。更让我在学科知识学习的同时获得视野与自信。

——2023 级高一学生张紫宸

我特别喜欢参与青年教师黄蔚怡老师主持的思维广场语文讨论课,她将复杂的文学内容讲解得深入浅出,引人入胜。并且她的教学逻辑清晰,总是能引发我深入的思考。

在《红楼梦》精读课上,黄老师不仅针对"应试"详细解读了原著中的主要人物的经典情节,还通过一字评的方式,串联起人物性格与故事,十分有趣。在她的引导下,我们甚至通过海棠诗社众人所作诗句来揣摩人物心理,推测人物结局。她的思维广场语文讨论课让我们对《红楼梦》中的爱情悲剧,贾府衰落原因,主副册人物等内容,都有了更深刻的认识。

在双概念作文"思考"与"学习"二者关系的教学中,黄老师巧妙地通过实例故事"牛顿发现万有引力",让我们理解到学习是思考的基础。她总是鼓励我们自由发表观点,耐心倾听每位同学的观点,并给出有针对性的指导和建议,让我在轻松愉快的氛围中提升了自己的思辨能力,逻辑思维和表达能力。从她不时补充的论据与名人名言中,透出了她深厚的文学底蕴,使我油然而生敬佩之情。

我喜欢黄老师的课,不仅因为她教学经验丰富、知识渊博,更因为她对待学生真诚热情,总能激发我们的学习热情。在她的课堂上,我不仅能够学到知识,更能够感受到语文的魅力,体验到学习的乐趣。

——2023级高一学生沈荷清

从以上案例中,我们可以看出,在教学改革实践中,青年师生因其良好的师生关系,和青年教师在思政共育中提升了的育人意识和能力,在课程教学、育人方式转变实践中展现了独特的风采,成为教育改革实践中的生力军。

三、班级管理和课后文体活动中青年师生关系融洽

通过青年师生思政共育互促,青年师生之间的关系更加融洽和谐。这一点不仅体现在课堂教学中,也显现在青年班主任带班过程和课后的文体活动中。市西中学一直以来都很重视班集体建设,并将课后文体活动视为育人的重要途径之一。随着市西青年教师数量的增加和青年教师对教育及学生的热爱程度不断提升,市西中学的班级建设和课后文体活动呈现出更加蓬勃的发展态势,对学生产生了积极的影响和显著的教育效果。

(一)青年教师之火,点燃学生未来

青年教师通常拥有更加开放的心态和灵活的管理方式。在班级管理中,他们倾向于使

用民主和参与式的管理策略,鼓励学生参与到班级规则的制定和执行过程中来。这种管理方式不仅提高了学生的自我管理能力,还增强了他们对班级纪律的认同感。青年教师的这种管理风格有效地缩小了传统师权观念下的师生距离,使得师生关系更加平等和谐。

【案例42:班内单亲学生的艺考选择】

高一一年的教育教学虽然有限,我和小徐同学却彼此之间建立了很深厚的情感,能够彼此信任。这一方面得益于班主任和语文教师的身份,能更为便捷和深入地体察她的心情和见证她成长中的每一步;另一方面也得益于我们并肩作战:帮助她有勇气直面自己的梦想,并最终付诸实践。

虽然她和父亲一起住,但母亲却从未在她的成长中缺位。然而,毕竟是一名正值青春期的女生,有些事与父亲沟通常会遇到阻碍。我想,在这个意义上,或许我能弥补这一空缺。看似独立而坚强的她,内心却是柔软而敏感的。她曾经也在随笔中表达过未来专业方面的困惑,即:她分不清楚自己是擅长美术,还是仅仅只是一腔热爱?她不确定自己是否有这样的能力,同样也因此无法决断自己是否能够走这条路。当然要走艺考这条路,还将面临更多的现实问题,譬如父母的意见,大众对艺考生的偏见,以及未来较为有限的选择……

不管怎么说,对于一名高二的同学,这个问题再不梳理,恐怕就有些晚了。于是我多次与她交谈,一方面是为了让她不断在追问中明确自己真实的心意,一方面是为了在她对自己绘画能力提出怀疑和否定的时候,给予全部的鼓励与信任。尽管下决心的时间不多了,但我相信她能做出判断。因而,我选择等。

在元旦迎新会后,她终于明确要走艺考这条路,但她既担心自己开始得太晚,又担心父亲会因为对"艺考"的成见而不同意。除此之外,她还非常喜欢化学学科,然而通常情况下艺考生在高三会选择文科,这样有时间背诵学习,可是因集训落下的化学课可不是通过背诵就能轻易赶上来的。我听完这些担忧,反而感到放心,这说明她对自己选择的道路有客观的认识,而并非心血来潮。当她开始自我怀疑时,我立刻肯定了她在绘画上的天分,鼓励她如果决定了就要去直面理想面前不可避免的路障。除此之外,我也诚恳地说明了艺考生选择高三加化学学科的实际困难,希望她能用一周的时间认真思索应对方案。一周后,她如数家珍地向我诉说化学吸引她的地方,并向我列出在高二超前学习化学知识的计划。在我的一再追问和她的再三坚持下,我选择相信她的决定。之后由于疫情的原因,我们不得不开展线上教学,她的化学课上得极为认真,受到了同学们和老师的一致称赞,这也让我们俩有了更多的底气与信心。

　　基于此,我拉开了与家长沟通此事的序幕。从现在往回看,这可谓是一场持久战。如今我已不记得打了多少次电话,在每次打电话前写下多少沟通方案和策略……面对家长的质疑时,支撑我坚持的动力便是我相信她可以做到。或许是家长也在持续的交流中感受到了我的真诚与孩子的坚持,最终还是同意了。我永远记得那一天小徐同学纯真而明媚的笑容,尽管之后的路很难走,但她一定能笑到最后——我确信。在我看来,一个孩子在成长中找到了属于自己的方向,是件多么了不起的事!我愿意为她的梦想保驾护航。

——青年班主任、语文教师黄蔚怡

　　回顾在市西三年的高中生活,最令我印象深刻的一段日子反而是因疫情导致线下授课半学期的高二——从自我审视的角度而言那是一段挣扎、纠结、徘徊在不确定中的日子,而周遭环境却是美好到让人有点难以置信的:我非常喜欢的全科老师调动起了学习的积极性,和同班同学熟络后舒适的社交环境,在社团里认识志趣相投又怀揣着各自故事的新朋友等。

　　作为当时的班主任,黄蔚怡老师切实地参与了这段日子中的每一个部分,以亦师亦友的角色引导着尚处迷茫期的我们。这一年承载了太多美好的瞬间,以至于它足以代表我这高中三年的成长经历。

　　后来由于疫情,高二下的学习生活以网课形式开展,又由于高三上的集训,2022年我来学校的日子屈指可数。即使是在如此艰辛的学习环境中,黄老师依然非常重视学生的学习情况与心理感受。在我生日那天的班会课上,她会把我的照片放进班会演示文稿中,并组织全体同学在线上一起合唱了《生日快乐歌》;她也让我们在随笔本上写下想对高二(2)班这个班集体说的话,并在确认大家意愿的情况下,与全班同学分享;会关注每一位同学生物和地理等级考前的每一次测验,并基于不同个体提出相应的学习建议;除此之外,她能有效地与各任课老师沟通学生的问题,使任课老师对我们每一个人的学习情况和心理状态都能了如指掌;面对我们班心理经常出现状况的同学,即使是在线上,她也会倾尽全力地去关心……她的这份执着和担当常常让我们都感到敬佩和惭愧。

——2021级学生徐梦瑜

(二) 文体两开花,师生同进步

　　市西中学的课后文体活动丰富多彩,每学期一开学,男女生篮球联赛或是足球联赛就一同开始了,而文艺表演和舞蹈比赛又会紧随其后。在课后文体活动的组织和指导上,青年教师展现出其独特的优势。他们通常具备较强的体能和广泛的兴趣爱好,能够直接参与到体育比赛和文艺表演中,与学生共同体验活动的乐趣。这种身体力行的参与不仅激发了学生的积极性,也为师生之间提供了共同的话题和经历,加深了相互之间的了解和友谊。

更重要的是,青年教师在与学生的在活动中的互动上展现出高度的同理心和耐心,极大地促进了师生间情感的交流。这种真诚的关心和理解使得学生感受到教师的关怀,从而更愿意向教师敞开心扉,形成良好的师生互动,在文体活动中收获令人难忘的回忆。

【案例 43:篮球联赛中的青年师生情】

作为青年教师,我有幸能够一次宝贵的机会指导高中学生参加学校的篮球赛。在这次活动中,我和学生们的收获都非常丰富,这是一次难得的共育互促体验。

初次接手这个任务时,我意识到这不仅是篮球比赛,更是塑造学生品格、增强团队协作精神的大好机会。在比赛的准备过程中,我和学生们首先确立了目标:无论胜败,最重要的是体现出队伍的合作精神和每位队员的积极拼搏态度。

在训练过程中,我鼓励学生们积极交流,模拟比赛强度,回看对手录像,精进个人擅长技术,确认每位同学的职责。我们讨论了不同情况下的对应处理办法,同时我给他们讲述过去中国男篮在面对世界强队时的经历,即使身体天赋不如他国,但是永远有一颗克服困难永不放弃的心,这些讨论使得训练不再枯燥,学生们能够更深刻地理解思政教育的实际应用价值。

在比赛中,我的鼓励策略是多方面的。当队员紧张或失误时,我会在场边带动所有场下同学给予他们鼓励的呐喊和手势,并提醒他们集中精力;在对手领先时,我会观察局势,暂停后进行快速总结和调整,用坚定的语气强调每个人的努力都是球队成功的关键,鼓励他们放下心理包袱,全力以赴。我用历史人物的故事和球队之前的训练成果来提醒他们,坚持和团结可以战胜一切困难。他们互相配合的身影让我感到无比欣慰,在面临对方施压的时候,他们勇往直前的坚持和不放弃的精神让我感到骄傲。最终在师生一同努力下,我们获得了冠军。

赛后,我与学生们一起回顾了他们的出色表现,并特别表扬了他们在团队合作和展现斗志方面的进步。我讲到比赛中的每一个挑战都是成长的契机,重要的是他们展现的运动精神。而我从中也学到了如何更好地引导学生,如何更好地将品质教育融入日常教学中,更好地帮助学生形成正确的价值观。

　　回顾整个篮球赛,每一次训练和比赛都是一堂生动的思政课。我和学生们一起学习、进步、成长。我深刻感受到共育互促的教育模式给师生带来的正面影响,学生在篮球赛场上取得了进步,我在思政教育的实践中获得了成长。通过体育,学生们在享受运动乐趣的同时,也在学习如何成为一个有责任感、有毅力和具备团队精神的人。这次经历也会对他们产生深远的影响,让他们在未来的日子里,无论遇到什么困难,都能坚持下去,勇往直前。而这种教学方式比起传统的课堂讲授,更能直达学生的心灵影响他们的行为,在未来的教学中,我将更加自信和有能力去引导和激发学生的潜力。

——青年教师徐天放

　　回忆两周篮球赛的激烈角逐,最让我印象深刻的就是扣人心弦的决赛。我们的队伍站在了冠军争夺的舞台上。赛前,主教练徐天放老师为我们精心部署了战术,明确了每位球员在场上的角色与责任。更为关键的是,他教导我们要卸下心中的包袱,以无畏和坚定的心态去迎接这场终极对决。

　　然而,篮球赛场上的风云变幻总是难以预料。开场后不久,我们便遭遇了得分困境和防守上的疏忽,只能依靠零星进攻勉强维持比分。随着时间的推移,比分差距逐渐拉大,我们的心态也开始变得急躁,体力也在消耗中逐渐逼近极限。正当我们陷入困境之际,徐老师果断地喊了暂停。他站在我们面前,眼中闪烁着坚定的光芒,声音铿锵有力:"忘记失误,专注于下一个回合!团结合作才能走出困境。"之后他找我们每一个人单独总结和训话,在他的安抚和鼓励下,我们逐渐平复了急躁的情绪,凝聚成了一股坚不可摧的力量。

　　下半场开始,我们按照徐老师的指导向对手的内线发起了猛烈的冲击。我们凭借着顽强的斗志和默契的配合,逐渐扭转了局势。最终,胜利的天平向我们倾斜,我们不负众望地夺得了篮球赛的冠军。

　　回顾这场比赛,徐老师的领导与鼓励起到了至关重要的作用。他不仅引导了我们如何面对困境和挑战,更让我们深刻体会到了团结协作的重要性。篮球作为一项团队运动,正是凭借着每个队员的共同努力和无私奉献,我们才能脱颖而出,摘得桂冠!

——2023级学生瞿浩睿

　　本学期的校篮球赛上,我们邀请了我们喜欢且篮球有一定水平的徐天放老师作为我们的指导老师。虽然我们的实际实力相对于其他班级并不出众,但是徐老师始终鼓励着我们坚持不放弃,并在放学之后带领我们进行针对性训练,手把手地帮助我们纠正技术动作,教我们跑位和掩护,并对每一个同学都单独辅导。

在徐老师的指导下,我们逐渐建立了属于自己的体系,队员间的默契也不断提升,在接下来的比赛中连克强敌。不仅如此,徐老师还提前帮我们准备好了补给和护具,确保每个人都能以最佳状态投入比赛。

每次赛前都能看到徐老师将同学们围起来进行最后的指导讲话与击掌鼓舞士气,赛中能看到他带领场下同学声嘶力竭、唾沫横飞为我们加油呐喊,暂停时看到他快速总结让我们不骄不躁并大声拍手鼓励不放弃,赛后和同学们一一相拥与赞扬。最终,在所有人的不懈努力下,我们成功夺得了冠军。徐老师总能在我们心浮气躁的时候紧急拉我们一把,重新整顿士气。

我们不仅得到了篮球技术上的提升,同时也懂得了团队合作的重要性,学会无私才能让队伍走得更远。一个人的力量终究有限,但所有人团结一致,就足以形成一股让任何人都不容小觑的力量。这是我们在高二最灿烂的记忆,是青春浓墨重彩的一笔,徐老师的教导我会铭记,在未来我相信我会成为一个有责任感、有毅力和具备团队精神的人。

——2022级学生黄嘉懿

以上案例清晰地显示出,市西师生是如何在文体活动中手牵手、心连心地共同成长的。在这个过程中,市西的青年班主任们发挥了中流砥柱的作用。同时,也有很多非班主任的青年教师,付出了大量的时间和精力,帮助、陪伴、爱护着学生。

当然,尽管青年教师在班级管理和课后文体活动中表现出色,但班主任工作也是专业性的工作,也需要不断积累经验,提升自身的班主任工作专业素养和管理能力。因此,学校为青年教师提供了持续的培训和指导,如85后青年教师培训、班主任工作坊等帮助他们在实践中成长,同时维护和发展融洽的师生关系。

四、先进教师民主推荐中青年教师广受学生认可

为了弘扬崇高的师德师风,激励先进,树立典型,营造积极向上的氛围,鼓舞士气,市西中学坚持每学年组织开展"学年度师德先进个人评选及表彰活动"。通过学生、家长和教职工的广泛民主推荐,最终确定获奖教师名单,并在师生面前隆重表彰获奖者。近几年,得益于评选与表彰过程中对青年教师的正面宣传,青年教师颇受学生和家长喜爱,这也是青年

师生思政共育互促的一个生动体现。

青年教师通常充满活力和创新精神,他们紧跟时代步伐,不断将新知识和新技术融入教学中。这样的教学风格极大地吸引了学生的兴趣,使得学习变得更加生动有趣。此外,青年教师往往更加注重学生个性化发展的需求,愿意倾听学生的声音,尊重学生的意见,在与学生的互动中,青年教师经常能够扮演朋友和指导者的角色。他们在课后愿意花时间解答学生的疑惑,关心学生的日常生活,以及在学生遇到困难时提供力所能及的帮助。这种超越传统教师角色的行为,更是加深了学生对青年教师的好感和认同。

尽管青年教师在教学经验和知识深度上可能不如资深教师,但他们在教学方法、对学生的关怀以及创新能力上的表现,足以让他们在民主推荐的先进教师评选中脱颖而出。学生的广泛认可不仅是对青年教师个人能力的认可,也是对他们情感付出的积极回应。

【案例 44:入职第 2 年的周毅恒老师荣获师德先进个人"服务明星"奖】

为推进市西中学教师队伍建设,激励先进,树立榜样,发扬优良的师德师风,尤其发扬在"双新"背景下学校"教育教学新变革"和"学术性高中创建"中市西教职工所展现出的积极精神风貌,学校党政工开展了主题为"教育强国催奋进,投身市西展宏图"2022学年度师德先进个人评选。入职第2年的周毅恒老师在微型讲座方面做出了突出的贡献,在工作的过程中,既服务了师生,也培养出一批堪称优秀服务型人才的学生,荣获师德先进个人中的"服务明星奖"。下面是周毅恒老师和愚心社社长张穆音同学的体会。

2022年暑假开始,我便和王巍老师一起策划,成立一个致力于开展学术探究日课程宣传工作的学生志愿者团队。

成立一个学生团队,首先要有一位强有力的学生干部来"掌管大局",我和王老师都不约而同想到了张穆音同学。张穆音同学是我到市西的第一届学生,她身上流淌的领袖气质让我印象深刻,这不是那种与生俱来的气质,而更多的是经过后天历练所形成的一种干练精神。我立马找到她问问她的想法,她几乎没有任何迟疑地接受了这个重任。

另外,一个团队的形成,必须要招募成员。张穆音同学当时问了我一个问题:"尽管我们是宣传团队,但是没有宣传经验同学,我们是不是也能考虑招募他们?只要他们对宣传心怀热爱、心怀期待就行。"这个问题看似无心,却激发了我的思考:招募学生,组成学生团队的根本目的是什么?——

如果是为了招学生来做事,那么我们团队的本质只是一个技术支持的团队。

但如果是利用工作的契机,着力锻炼一批学生的媒体素养和管理素养,那么我们团队将不仅是技术支持团队,更是一个具备德育功能的实践平台。

因此我想,我们招来的团员,有宣传经验我们当然非常欢迎,但没有宣传经验的同学,我们也非常欢迎。只要他愿意参与、愿意在团队里锻炼自己,提升自己的综合素养,那么我们就一定会给他足够的平台。

就这样,招生工作开始了,我们通过社团招新招来了二十余名同学,这里面既有像刘韵婕、邹楚涵这样的宣传大神,也有像唐靖旖、王佳慧这样没有宣传经验的同学。

在团队内部,我和张穆音一起完成了整体架构的设计。主要涉及两方面的工作:(1)宣传工作,如公众号管理、海报、微视频等;(2)会务工作,如主持、采访等。基于此,我和王巍老师设计了"固定"与"机动"相结合的工作机制:

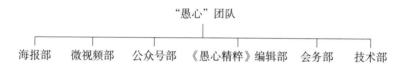

每位"愚心"同学归属于海报、微视频部、公众号部、期刊编辑部中的一个部门,每个学期必须要更换一次;会务部全体同学轮岗,每位同学都要独立承担至少一次讲座的主持和采访。这样的话,每一位"愚心"同学在一学年的工作里,都能得到至少两个媒体能力的实践机会,会务管理能力也能得到提高。

经过了一年的实践,团队所有成员的能力都有了质的变化,刚来时几乎无法上手、没有任何宣传经验的唐靖旖、王佳慧、唐誉倩等同学已然成长为能够独当一面的得力干将,我只要简单交代一句任务,他们就能把相应的宣传任务高效地完成;而刚来时宣传能力出众的刘韵婕、智文绮等同学则在原有水平上有了较大进步:这次学术节中,刘韵婕做了学术探究日2.0的纪念视频,智文绮设计了多张专业级的海报——"愚心"这一年,见证了许许多多同学的成长与蜕变。

新的一年,我安排全体高二成员全部担任了各个部门的部长、副部长,从干事成长为管理者,高二的九位同学都有了自己的小团队,大家将进一步在新岗位锻炼自己的管理能力、沟通能力、协调能力。同时,我们招募了近三十名新高一同学,他们即将进入各个部门,开启美好精彩的高中生活。

在过去的一年里,我和王巍老师更多的是作为"任务的布置者""成果的发布者"出现,团队里大大小小事宜都是张穆音同学来协调处理的。张同学每周在排班的时候,刚柔并济,既有一个固定顺序,同时每周都会点对点问问同学最近忙不忙,学习情况如何,需不需要做顺序的调整。这样高情商的团队负责人很快便凝聚了团队每一位成员的心,大家都很开心地完成每周工作安排。

我所在的 2021 届华东师大中文系研究生是很强的一届,那一年所有想当老师的中文系研究生全都进入了沪上各大名校。七月我们聚餐时,分享着过去两年的教育经历,我突然发现我的经历和他们都不太一样,我和学生这两年相处的经历也和他们都不一样。这两年里,我不仅在市西感受到了各种教育改革的魅力,更和学生一起创设了志愿者团队、和王巍老师一起大胆创新办讲座、一起钻研宣传技能、一起优化采访主持稿、一起在学术探究日的下午步履匆匆、一起去南京、一起参与文史节学术节、一起排练"我亲自设计却尬到极致"的运动会开场表演等等,市西的教育似乎少了一份功利,多了一份坚守教育本原的纯粹。当我听到有位同学说自己学校把社团和分层课的时间排到了一起,导致学生必须在分层课和社团之间二选一,大多数学生被迫放弃社团,很多社团也只能停办的时候,我脑海里突然出现了曾经所看见的一幕:那是"愚心"团队在思维广场和辩论社一起举办活动,两个团队正在一起沟通。说实话,他们在沟通交流什么,我并不知道,因为我没有布置过这个任务。但我想,我也不必过问交流的内容,因为从他们忙碌的身影中,我看到的,是两个团队相互合作的默契与和谐。我不忍打扰他们,但两个团队都能够主动想到彼此,一起坐下来主动地进行交流,我想这就是市西教育的魅力,真真正正激发了学生的自主性和能动性。而这一切,都是这两年里,我在市西收获的最为宝贵的精神财富。

非常庆幸,在这激荡的大时代里,我能在市西拥有一片从容的身影。愿"愚心"之光永远闪耀,和学术探究日交相辉映——那每一寸光明,都流转着青春最美的光辉。

——语文学科青年教师、微型讲座项目组组长周毅恒

"从粮食读懂中国""《红楼梦》整本书阅读:读什么? 如何读?""哥特文学与流行文化"……这些讲座,相信对于每一位市西学子来说,都不陌生。自 2021 年 9 月学术探究日正式运作以来,"市西微讲"作为探究日的重要组成部分,为同学们提供了近百场领域丰富、内容多元、形式多样的讲座课程。它就像是一个观察世界的窗口,帮助市西学子推开世界的大门。作为一名已经在市西校园里学习、生活了两年多的市西人,我每每回忆起周五的午后,总是那样的温暖动人:在春日的午后,伴着樱花,与三五好友相约讲座,一同走进有趣

而深邃的学术世界。不仅如此,市西微讲对于我的高中乃至整个人生而言,更有着别样的意义⋯⋯

2022年9月,我担负起了"市西微型讲座学生服务团队"初届领导者的重任。当我面对如何从头开始打造一个宣传团队时,感到相当迷茫。由于没有概念,我更不敢去考虑如何在未来很好地领导一个将作为"市西学术宣传窗口"的新媒体人团队。周毅恒老师作为微型讲座负责老师,非常耐心地通过与我商讨的方式,不断激发我领导和统筹的潜能。周老师与我一同厘清团队的主要行动方向和宗旨,并以"愚园路学术中心"为其取名为"愚心",我的心中逐渐诞生了一个团队的雏形。在此基础上,我们才得以着手"招兵买马"。后来,"愚心宣传团队"正式成立。伴随着市西微讲的发展,这个活力满满的学生志愿者服务团队如同冉冉升起的新星,活跃在学术探究日的角角落落。

在与"愚心er们"携手并进的日日夜夜中,作为一名团队领导者,荣耀与责任并重,但我的收获和成长却更为珍贵。在这背后,少不了周老师的鼓励与引领。周老师总是全力支持我们的每一个大胆而合理的设想,推动我们的理想转变为现实——"愚心"团队纳入校团委学生会、对别的社团进行专访、大力挖掘公众号的宣传作用等等。为了更好地运营好宣传工作,我和团队成员们主动尝试了很多技能,比如微视频剪辑、运用飞书开展团队协同、撰写主持稿、统筹管理会务、创建公众号"4C愚心社"等等,大家的领导力、执行力和行动力在每周的工作中得到了显著提升。每场讲座的场前场后都跃动着愚心成员的身影:从主持讲座到采访嘉宾;从场务管理到微视频制作;从海报设计到预约链接⋯⋯我们的全情投入,诠释了市西学子好学力行最美的辉光。

不知不觉,一年中,"愚心"团队已经从初出茅庐,一步步走向更高的舞台、走向更远的未来。每周五的微型讲座时间、学术节的台前幕后,周老师无疑是我领导团队、成员们努力奋斗时的坚定后盾。服务微讲和统筹团队的经历,我用自己的双手,创造也见证了"愚心"团队的茁壮成长。

如今,学术的星火已经传递给学弟学妹们,我们在且歌且行中,怀揣初心依旧,而这些无数个串联起来的片段,将是我一生中最为宝贵的记忆。我已在市西的这片学术沃土中,历练出了一颗对学术的"守愚之心",获得了使我受益终身的学术素养。我更加荣幸,有这个机会,以微薄之力为市西学术发展添砖加瓦。愿"愚心"之光,永远闪耀。

——2021级学生张穆音

第二节　增进了青年师生的家国情感与社会责任

在教育实践中,青年教师作为引路人,通过言传身教,不仅引领了学生综合素养的提升,同时也在实践中提升了自身的教育使命感与社会担当意识。这种双向互动让教育的力量得以充分释放,助推青年师生成长为具有理想信念和社会担当的新一代。在市西中学的实践中,通过丰富的活动和共同努力,青年教师和学生以实际行动传递家国情怀,在相互促进中书写了共育共成长的生动篇章。

一、青年师生施展才艺筹集慈善资金

德育的最高境界是内化于心,外化于行,表里如一,言行一致。高中思政教育的最终目的是希望青年师生不断增强"四个自信",成长为有浓厚的家国情怀的新时代青年,将个人理想和民族国家的未来紧密结合,将学习成长的动力转化为全心全意为人民服务的实际行动。

我校青年师生每年坚持积极主动开展志愿服务公益劳动,开展对接云南等贫困地区孩子的"爱心义卖"活动,每年教工团支部都会以独立单位积极参与到爱心义卖活动中来,与同学们共同为公益项目贡献自己的力量,帮助贫困地区孩子实现微心愿。

另一方面,市西中学青年师生坚持以慈善音乐会的方式关注公益已经十年了,这个活动体现了市西人践行公益、关注社会的精神传统。通过音乐会,青年教师担任活动的指导老师,部分青年教师与同学们参与节目演出,邀请在校师生共同参与到公益活动中来,并在这个过程中对慈善的理解不断深化。从简单的资助,转化为通过才艺来感染更多的人参与到慈善中;青年师生们与公益组织的联系日益深化,除门票费用的捐赠外,还邀请视障者团队加入筹备组中,学习如何与视障者相处,如何在生活中帮助视障者,鼓励他们勇于走出家门;在甘肃绿驼铃项目中,青年师生们还将参与捐赠项目的实施过程,深入甘肃玛曲,以志愿者的身份到牧民社区中协助社区宣传教育、培训、社会工作等,参与当地修建生态厕所、垃圾处理站、草场修复工程等公益活动。这样的公益活动,引导青年师生关注社会,积极承担社会责任,葆有一份关怀他人的情怀,明确自己作为社会人的自我承担,明确自己对国家、民族、社会和人类的责任。

二、青年师生自主筹办高中生公益微电影大赛

上海市高中生公益微电影大赛是由市西中学学生自主发起，致力于为高中生原创影视提供展示交流的平台。鼓励他们以青年人的视角关注身边的社会万象，并且用镜头记录日新月异的大千世界。秉持着"以大赛汇聚青年力量，以影像传播社会公益"的项目理念，大赛也希望当今的高中生能够带着对社会的责任意识，去探索、体验并且诠释身边丰富多彩的公益正能量。

作为一个由学生发起并策划的大赛，同学们始终在思考一个问题——怎样才能真正表达属于高中生自己的声音？我们生活在上海这个日新月异的大都市之中。"海纳百川、追求卓越、开明睿智、大气谦和"的上海城市精神也伴随着每个人心中的日出日落，形影不离地陪伴着每个都市人。多年来，围绕"在这里""TA们""共鸣"等主题，同学们汇聚了许多青春的公益力量。

在这个过程中，青年教师始终以大赛的指导老师与护航者的身份全程参与，一方面为学生办大赛把握方向，提出指导意见，给予力所能及的帮助，另一方面这个指导的过程也是对于青年教师的历练，使关注公益的理念在青年师生心中生根发芽。

三、青年教师勇于承担扶贫援疆支教责任

在国家号召下，在市西中学建构高中青年师生思政共育互促机制的影响下，越来越多的市西青年教师毅然选择远赴边疆，投身于艰苦而光荣的援疆支教事业。他们以青春和热情，为边疆教育事业注入了新的活力，展现了当代教师的责任感和使命感。杨浩老师正是这样一位充满着使命感的市西青年教师。

2023年中组部和人社厅两条线都在组织新一批援疆支教教师，任务很重。得知静安区教育局援疆人员中初中物理教师还没有落实，市西中学青年物理教师杨浩老师积极响应党组织号召，接下了这个援疆任务，并在短时间内做好参与援疆支教的个人准备、家庭准备和物资准备，很好地展现出市西教师、市西青年党员的政治意识、责任担当和家国情怀。一年半时间，他为新疆巴楚二中的初中物理教学贡献了自己的智慧和力量。

(一)援疆:自我挑战与成长

援疆支教不仅是对学生的教育,更是青年教师的一种自我挑战和成长。青年教师在这里面临着语言沟通、文化差异等多重考验,但他们凭借坚定的信念和不懈的努力,克服种种困难,用知识和智慧搭建起与学生之间的桥梁。他们的付出,不仅赢得了学生的尊重和爱戴,也促进了民族团结,加深了对国家大局的理解。

他们用实际行动诠释了什么是责任,什么是奉献。在这片土地上,他们既是知识的传递者,也是文化交流的使者,更是国家未来的建设者。

杨浩老师的这份担当,正是新时代教育工作者的生动写照。杨浩老师的援疆支教之旅,是一次生命的历练,更是一份沉甸甸的责任。以杨浩老师为代表的青年教师勇敢和执着,将会被边疆的历史铭记,也会激励更多的教育工作者投身到国家的教育事业中,共同书写中华民族伟大复兴的壮丽篇章。

(二)促进了民族团结与文化交流

青年教师援疆可以深入了解新疆的文化和民俗,增进对不同民族文化的理解和尊重。通过亲身体验和交流,教师能够加深对国家统一和民族团结重要性的认识,也可以成为不同文化间交流的桥梁,促进文化融合与社会和谐。此外,青年教师将先进的教学理念和方法带到新疆,有助于提升当地的教育水平。

坐落于上海市的市西中学,是海派教育的杰出代表。在上海这座得风气之先的城市,市西中学也勇立教育改革的潮头,推进教学研究,全面提高学生素养。然而,市西中学也不遗余力地将自己的宝贵教育经验向其他学校分享。相对而言,新疆等边远地区,免不了在教育方面有所落后。杨浩老师的援疆之行,由此有着更为重大的意义,那便是把自己的教育智慧,带到新疆这块伟大的土地上。

【案例45:支教感悟《跨越千里,播种希望》】

2023年2月,寒假刚刚结束,我得知学校还需要援疆支教的老师,几乎是不假思索,就主动报名参加,义无反顾地踏上了援疆支教之路。

身为市西中学一名普通青年党员教师,援疆支教是我一直梦寐以求的。对我来说,支教,既能让我有机会更深入地了解自己的国家,尤其是祖国的边陲教育状况,又能用自己的实际行动为边疆地区的教育做一点自己力所能及的贡献。

我援疆的单位是新疆喀什地区巴楚县第二中学。学校很大,初高中每个年级都有十多个班。初来乍到,首先我观察到的,是这里的教学管理模式与上海的截然不同。为了更好地融入当地的教学生态,我积极参与了二中的各项年级组活动、教研活动等。

在上海时,我一直负责教授的是高中物理课程。但在巴楚二中,组织根据需求委派我负责初中物理的教学工作。对我来说,重新准备初中物理知识,是第一个挑战。其次,在二中,无论初中部还是高中部,每个班级的人数都超过50人,有些甚至有60人,如何保证课堂教学质量,也是我不断思考的问题。

另外,巴楚二中的教师团队大多比较年轻,流动性也比较大。拥有8年教龄的我在巴楚二中已经属于"老"教师。因此,来这里两个学期,学校每学期都让我带一个"徒弟"。除正常的班级教学之外,我的另一项重要工作就是"带徒弟"。和上海的青年教师不同,这里的青年教师主体上虽是本科毕业,但教学经验不足。因此,知识点上难免理解不透彻,导致存在备课不充分、内容有错误、板书不美观、数字化设备使用不熟练等问题。针对这些问题,我在教研组内精心准备了两次公开课,利用我比较擅长的计算机技术,展示了如何利用多媒体技术提高课堂效率,培养学生的核心素养,获得了当地新老教师的一致好评和嘉奖。

我教授的班级学生中有一半是少数民族学生,刚开始上课的时候就感受到了学生的热情和淳朴。物理对于他们而言是一门初二新学的课程,很多同学原本数学基础就不够扎实,导致对于物理学科接受得比较缓慢,因此教学进度也需要不断调整。面对这种情况,学生极易产生畏难情绪,此时如何吸引他们的兴趣和注意力成为当务之急。因此,课堂上,有时我会通过亲自演示的方法进行授课,有时我会先播放生动的视频,再邀请学生参与进来,指导学生和我一起做实验。一段时间以后,不少维吾尔族的学生开始热爱物理这门学科了,也和我建立了深厚的友谊。让我非常欣慰的是,即便他们转入了其他班也会时常过来问我问题,分享学习物理的快乐和感受。学生这些点滴的改变和进步,让我意识到援疆支教的意义就在于让学生在学科学习上受到一些潜移默化的影响,让他们逐渐喜爱课堂、喜爱老师、喜爱学习。

知识改变命运,知识促进发展。每当夜深人静的时候,我时常想,在这片土地上,我的这些学生们无疑将是巴楚地区未来建设的主力军,他们也必将是南疆地区未来繁荣稳定的逐梦者和见证者。沉下心来,用心育人,播种希望,奉献青春,这是我今天的使命。

——物理学科援疆青年教师杨浩

四、青年师生积极树立理想向党组织靠拢

三年来,5 位青年教师加入了中国共产党组织,8 位青年教师递交了入党申请书。另一方面,每一年有 100 多位青年团员积极报名参加学校青年党校学习,有一批党校学员参加区级共产主义学校,甚至是市级党校。有的年满 18 岁的学生积极向党组织递交了入党申请书。

青年师生之所以积极向党组织靠拢,是因为他们对党的理论和路线方针政策有着深刻的认同。通过学习党的历史和理论知识,他们更加坚定了共产主义远大理想和中国特色社会主义共同理想。这种理念上的认同,激发了青年师生加入中国共产党的热情,促使他们愿意为实现党的目标而努力奋斗。

同时,青年师生通过参与社会实践活动,将党的理论与实际相结合,增强了社会责任感和服务人民的意识。他们在支教、扶贫、环保等活动中发挥所学,为社会贡献自己的力量,同时也在实践中锻炼了自己的能力,增强了解决实际问题的能力。这些活动不仅让青年师生了解了国情民情,也让他们体会到作为一名党员的责任和使命。

在思想上,青年师生不断加强自身的思想道德建设,树立正确的世界观、人生观和价值观。他们在日常生活中严于律己,诚实守信,乐于助人,以实际行动践行社会主义核心价值观。这种高尚的道德品质,使他们在向党组织靠拢的过程中,得到了师生和社会的认可。

尽管青年师生在向党组织靠拢的过程中取得了一定成绩,但他们也清醒地认识到,成为一名合格的党员是一个不断学习和提高的过程。因此,他们持续加强自我修养,不断提高政治觉悟和业务能力,以确保自己能够不断适应新时代党的建设新要求。

青年师生积极向党组织靠拢,不仅体现了他们对党的忠诚和对理想的追求,也展示了新时代青年的责任感和使命感。他们的行动将为党的事业注入新的活力,为实现中华民族伟大复兴的中国梦贡献力量。未来,随着更多的青年师生加入党的队伍中,我们有理由相信,党将更加坚强有力,国家的未来将更加光明。

第三节　提升了青年教师的育德意识和能力水平

通过推动"五史"学习,实施青年师生思政共育互促,青年教师的育德意识和能力水平有了明显提升。课堂教学成为青年教师提升育德能力的重要舞台。他们巧妙地将"五史"融入日常教学中,通过生动的历史故事、珍贵的历史图片和精选的视频资料,引导学生深入了解党的光辉历程和国家的伟大变革。这种教学方式不仅激发了学生的学习兴趣,更在潜移默化中培养了学生的爱国情怀和历史责任感。课题研究为青年教师提供了深化"五史"学习的平台。他们积极参与相关课题研究,深入挖掘"五史"中的教育资源,探索将其融入学校德育工作的有效途径。通过深入研究,青年教师不仅加深了对"五史"的理解,还积累了宝贵的德育工作经验,为进一步提升育德能力奠定了坚实基础。论文撰写则是青年教师总结提炼学习成果的重要方式。他们结合教学实践和课题研究,撰写了大量关于"五史"融入学校德育工作的论文。这些论文不仅展示了青年教师在"五史"学习中的深刻感悟和思考,也体现了他们在育德意识和能力方面的显著提升。

一、青年教师学科育德意识和能力不断提升

课堂教学是立德树人的主渠道、主阵地。青年教师思政素养提升要反映在教学育人水平的提升上。在"双新"实践背景下,市西中学青年教师积极学习课标、钻研教材、研究教法,努力建构以核心素养培养为指向的新型课堂教学范式。

(一) 立足课堂,融合"五史"教育

市西中学的青年教师在践行"五史"学习过程中,首先立足课堂教学这一主阵地,将"五史"教育融入日常教学中。他们深刻认识到,课堂不仅是传授知识的地方,更是培养学生核心素养、塑造正确价值观的重要场所。因此,青年教师们积极探索将"五史"内容与课堂教学有机结合的方法,通过生动的历史故事、珍贵的历史图片和视频资料,引导学生深入了解党的光辉历程和国家的伟大变革。

在课堂上,青年教师们注重引导学生思考历史与现实之间的联系,激发学生的爱国情怀和历史责任感。尤其是在"思维广场""漫思实验室"等空间的教学中,他们通过提问、讨论等方式,鼓励学生积极参与课堂互动,发表自己的观点和看法。这种教学方式不仅提高了学生的学习兴趣,还培养了他们的批判性思维和解决问题的能力。同时,青年教师们也在此过程中不断提升自己的育德意识和能力水平,学会了如何更好地引导学生树立正确的历史观和价值观。

(二)"双新"实践,聚焦核心素养

在践行"五史"学习的过程中,市西中学的青年教师们还积极开展"双新"实践,关注新课程、新教材,以此聚焦学生核心素养的培育。他们认识到,随着教育改革的不断深入,新课程和新教材对教师的教育教学能力提出了更高的要求。因此,青年教师们需要不断学习新知识、新技能,以适应新课程和新教材的需求。

在"双新"实践的过程中,青年教师们特别注重将"五史"教育与核心素养的培育相结合。他们深入挖掘"五史"中的教育资源,探索将其融入学校德育工作的有效途径。通过设计富有创意的教学活动和实践项目,引导学生积极参与社会实践和志愿服务等活动,培养他们的社会责任感和实践能力。同时,青年教师们还注重培养学生的创新思维和团队协作能力,鼓励他们勇于探索未知领域,敢于挑战自我。

(三)提升能力,落实立德树人

市西中学的青年教师在践行"五史"学习的过程中,始终把提升自己的育德意识和能力水平作为重要任务。他们深知,作为一名教师,不仅要传授知识,更要培养学生的品德和修养。因此,青年教师们不断深入学习"五史"知识,不断学习先进的德育理念和方法,努力提升自己的德育工作能力。

在课堂上,青年教师们注重以身作则、言传身教。他们用自己的言行影响学生,引导学生树立正确的世界观、人生观和价值观。同时,青年教师们还注重与学生的沟通和交流,了解他们的思想动态和需求,为他们提供个性化的指导和帮助。在课外时间,青年教师们也积极参与学校的德育工作,组织学生开展各种形式的德育活动和实践项目,为学生的全面发展贡献自己的力量。

（四）争创荣誉，收获育人成就

近年来，青年教师积极参加各级各类教学比赛，成绩显著。学校每年都有青年教师参与上海市"空中课堂"录课，每年都有青年教师教学课被评为上海市乃至教育部德育精品课。以 2024 年为例，市西中学有 5 位青年教师荣获教育部精品课殊荣，他们分别是英语学科的戴蕾老师、生物学科的李学明老师、艺术组的顾圣婴老师、张韵老师和李安妮老师。之后，他们在教工大会上分享了自己的教学实践探索心得体会，既是自己再认识再提升，也给全校教师以及来校学习的贵州贵阳、云南文山的老师很好的启发。

二、实践课题让青年教师逐渐成熟

在市西中学建构高中青年师生思政共育互促机制的推动下，市西的青年教师们也增强了教育科学研究意识，积极申请区级青年教师课题。他们通过课题研究积极探索更多符合现代学生特点的教学方法，如案例教学、讨论式教学等，从而提高思政课程和课程思政的吸引力和教学效果。

（一）课题研究成为德育的新路径

在践行"五史"学习的过程中，市西中学的青年教师们创新性地以实践项目课题研究为德育的突破口。他们深刻地认识到，传统的德育方式往往侧重于理论灌输和说教，难以真正触动学生的内心，而实践项目课题研究则能够让学生在参与和体验中深化对德育内容的理解和认同。

青年教师们围绕"五史"主题，设计了一系列具有针对性和实效性的实践项目课题研究。这些课题不仅涵盖了案例教学、校园文化、社会实践等多个方面，还注重结合学生的生活实际和兴趣点，确保研究的可行性和吸引力。通过实践项目课题研究，学生们能够在参与中感受到"五史"的魅力和价值，从而更加自觉地接受德育熏陶。

（二）课题研究成为核心素养的着力点

在践行"五史"学习的过程中，市西中学的青年教师们始终聚焦于学生德育核心素养的培育。他们深知,德育核心素养是学生全面发展的重要组成部分,也是学生未来走向社会、服务国家的必备素质。

青年教师们通过实践项目课题研究,深入挖掘"五史"中的德育资源,将其融入课题研究的各个环节。在案例教学中,他们选取具有典型意义的"五史"事件和人物,引导学生分析其中的德育元素,培养学生的道德判断力。在校园文化建设中,他们注重营造具有"五史"特色的文化氛围,让学生在潜移默化中接受德育熏陶。在社会实践和志愿者服务中,他们组织学生参与各种形式的实践活动,让学生在服务他人、奉献社会中锤炼品德、提升素养。此外,青年教师们还注重将劳模进校园、形势考察、文化游学等活动与实践项目课题研究相结合,为学生提供更加丰富多彩的德育体验。这些活动不仅拓宽了学生的视野,还激发了他们的爱国热情和社会责任感。

(三) 课题研究成为育德智慧的新路径

在践行"五史"学习的过程中,市西中学的青年教师们将实践项目课题研究作为提升自己育德意识和能力水平的新路径。他们深知,只有不断提升自己的育德意识和能力水平,才能更好地履行立德树人的根本任务。

青年教师们通过参与实践项目课题研究,不断学习和借鉴先进的德育理念和方法。他们注重与同行交流、分享经验,共同探讨德育工作的新思路和新举措。同时,他们还注重反思和总结自己的德育工作实践,不断提炼和升华自己的德育智慧。

通过实践项目课题研究,青年教师们的育德意识和能力水平得到了显著提升。他们更加深刻地认识到德育工作的重要性和紧迫性,更加自觉地履行立德树人的根本任务。同时,他们也更加注重与学生的沟通和交流,更加关注学生的成长和发展需求,为学生的全面发展提供了更加有力的支持和保障。

(四) 青年教师课题研究结硕果

一方面,学校"大思政"教师工作室主持人带领青年教师建立"大思政"课题及子课题研究,同时,近三年来,市西的青年教师们在科研方面也取得了积极的成果,以静安区教育科研立项的青年教师项目为例:

1. 金志琳"地理'双新'背景下的'漫思实验室深度学习'有效性的实践研究",2021 年;

2. 黄卓群"信息化教学背景下高中英语课程资源利用的有效性研究"(二等奖),2021 年;

3. 唐诗佳"IB 文学课程对整本书阅读教学策略的借鉴意义研究",2021 年;

4. 张晓萌"基于核心素养的跨学段单元学习活动设计的实践研究——以微生物为例",2021 年;

5. 姚绮蓓"'双新'视域下指向语言能力激活的高一英语教学设计与实施研究"(一等奖),2022 年;

6. 李学明"核心素养视域下的高中生物学跨学科教学实践研究"(一等奖),2022 年;

7. 廖媛"双新背景下高中信息技术学科核心素养落实的多元路径探索"(一等奖),2022 年;

8. 周毅恒"指向逻辑思维素养的高中议论文写作实践研究"(一等奖),2022 年;

9. 夏童"指向学科核心素养的高中化学 HPS 教学研究",2023 年。

三、论文撰写让青年教师日臻进步

随着青年师生思政共育互促实践研究的推进,青年教师的德育案例论文撰写常态化。老师们每学期至少写两篇,之后学校还组织评选,这使得青年教师们的写作水平不断提升。德育案例的撰写与分享,可以推动教师专业成长,提升其处理复杂道德问题的能力,同时促进学生批判性思维和道德判断力的发展。此外,优秀的德育案例还能作为教育资源,被广泛传播和共享,成为提升整个教育系统德育水平的重要途径。

(一) 撰写论文及案例成为育人的常态总结

在践行"五史"学习的过程中,市西中学的青年教师们创新性地把撰写论文及案例作为德育育人常态化的方式。他们认识到,通过系统总结和交流德育实践经验,不仅能够加深对"五史"精神内涵的理解,还能有效提升德育工作的针对性和实效性。

青年教师们围绕班级管理、班级育人、实践活动、思政课程与课程思政、民族精神教育、学生理想信念教育等多个领域,积极撰写论文和案例。这些论文和案例不仅记录了他们在德育工作中的探索与实践,还深刻反映了"五史"精神在育人过程中的渗透与融合。通过撰写论文及案例,青年教师们得以对德育工作进行全面梳理和深入思考,从而不断优化育人策略,提升育人效果。

(二)论文及案例撰写成为育人的推进力量

在撰写论文及案例的过程中,市西中学的青年教师们始终聚焦于学生德育核心素养的培育。他们深知,德育核心素养是学生全面发展的基石,也是落实立德树人根本任务的关键所在。

青年教师们通过深入研究"五史"中的德育资源,将其融入论文及案例的撰写之中。他们不仅关注德育知识的传授,更重视德育情感的培养和德育行为的引导。在班级管理案例中,他们分享如何通过班级文化建设、班级活动组织等方式,培养学生的集体荣誉感和责任感;在班级育人案例中,他们探讨如何针对不同学生的特点,实施个性化的育人策略;在实践活动案例中,他们展示如何通过社会实践活动、志愿服务等方式,增强学生的社会责任感和公民意识。

此外,青年教师们还注重将思政课程与课程思政相结合,通过撰写相关论文,探讨如何将德育渗透在学科教学中,实现全员、全程、全方位育人。他们还针对民族精神教育、学生理想信念教育等主题,撰写专题论文和案例,深入分析这些领域在培养学生核心素养中的重要作用。

(三)论文及案例撰写成为专业的提升途径

撰写论文及案例不仅是市西中学青年教师们对德育工作进行总结和反思的过程,更是他们提升育德意识和能力的重要途径。

通过撰写论文及案例,青年教师们得以深入研究德育理论,借鉴他人的成功经验,从而不断丰富自己的德育知识储备。同时,在各级各类交流研讨的平台上,青年教师展示自己的观点、分享自己的做法、阐述自己的思想。他们借鉴他人的经验和长处,能够对自己的德育工作进行客观评价,发现存在的问题和不足,进而调整和优化育人策略。更重要的是,撰写论文及案例能够激发青年教师们的创新精神和探索意识。他们在撰写过程中不断尝试新的育人方法和手段,勇于突破传统德育模式的束缚,为德育工作注入了新的活力和动力。

(四) 论文及案例彰显青年教师的育人成效

青年教师全力以赴开展师生共育互促学习,在实践中总结与反思,撰写了许多高质量的论文及案例,以"青年教师常态化德育案例撰写与交流"为例,他们的努力和探索为学校的德育工作注入了新的内涵和活力,为学生的全面发展提供了有力的支持和保障。

【案例 46:青年教师常态化德育案例撰写与交流】

学校积极推进青年教师德育案例的写作与分享。如 2023 年 3 月 8 日,市西中学 85 后青年教师就"课例分析和育德案例怎么写"在市西中学力行楼七楼大会议室开展了集中分享交流活动。市西中学党委书记方秀红老师、副校长陈婧怡老师出席活动,校团委书记王璐老师主持会议。经过了前期各小组的共同学习、研讨,五位青年教师代表各小组进行了研修成果的汇报交流和分享。

2023 年 10 月 19 日,市西中学区级"大思政"工作室在力行楼 310 教室举行了"大思政视域下班级主题教育课观摩和研讨活动"。本次活动特别邀请了静安区教育学院德育室德研员张燕燕老师莅临指导,来自静安区三个区块的班主任工作坊老师、市西中学区级"大思政"工作室的学员教师、市西中学的部分党员和班主任教师参加了此次活动。活动分为班级主题教育课观摩和研讨两个环节,由"大思政"副主持人、静安区德育学科带头人杨正来老师开设主题为"种下一棵苹果树:学习科学家精神,严谨做好拓展性论文研究"的班级主题教育课。研讨活动由正高级教师、"大思政"工作室主持人姜新瑜老师主持。

2024 年 1 月 7 日、8 日,市西中学德育骨干教师团队在松江召开了 2023 年德育年会。会上,德育主任从爱国主义教育、实践活动、校园文化生活、法治教育、行为规范教育、团委工作和德育骨干研修七个方面梳理总结了德育骨干教师团队这一年一同走过的育人之路。为进一步推进德育工作落实,培养新鲜德育力量,党委书记带领教师团队重温《中小学德育工作指南》,明确新时期德育五大教育内容与德育六大途径,坚持五育并举、五育融合的德育理念,强调并梳理了德育工作的五支队伍,提出德育工作需与时俱进,需要从年级到班级全体师生的共同努力。校长进一步强调班主任工作的重要性,特别是在市西中学培养高端学生的新时代使命下,面对 00 后的学生需要有新的思路、新的方法、新的对策,因此班主任工作一定也要赋予新的内涵,提升到新的高度。随后,部分在今年德育案例及论文评比中获奖的老师进行了交流与分享。第一部分是班级建设板块:周家宏老师分享了他和副班主任夏童老师一同构建温馨班集体的经验,让我们看到了班主任在建设班集体时的系统思维和整体把控;张娜老师具体介绍了在班级中如何有效推行积分制,一是理念先行,找到管理抓手、管理智慧,二是制度先行,解决"没办法";徐欢欢老师分享了如何通过组建家委会以促进班级建设。第二部分是学生引导板块:胡佳老师介绍了针对学生特点因材施教,以期培养出具有鲜明特色和全面发展的人才的经验体会;王晨曦老师讲述了她如何发现学生的成长内驱力,以此帮助学生获得长足进步的经历;周毅恒老师分享了自己在带班过程中如何进行自我情绪控制,并根据学生的不同特点做到批评"私人订制"的经验体会。交流的班主任除1位老教师外,其余都是青年班主任。

总之,青年教师育德意识和能力水平的提升是在师生共育互促实践中不断得以生成和发展的,课堂教学成为青年教师不断成长的重要舞台。他们通过精心设计教学方案,巧妙融入德育元素,不仅传授学科知识,更注重培养学生的品德与价值观,实现了教书与育人的有机结合。实践课题的开展让青年教师逐渐走向成熟,他们积极参与各类德育实践项目,面对复杂多变的教育环境,不断挑战自我,提升解决问题的能力。在实践过程中,青年教师们深化了对德育工作的理解,积累了宝贵的实践经验。

而论文及案例撰写成为青年教师日益进步的关键途径,他们通过撰写德育相关论文,系统总结教学经验,反思育人实践,不断提炼和升华德育理念。论文及案例撰写不仅提升了青年教师的理论素养,更为他们提供了展示教育成果、交流教育思想的平台。简而言之,课堂教学、实践课题、论文及案例撰写共同构成了青年教师育德意识和能力水平提升的三维路径,为培养更多优秀的青年教师奠定了坚实基础。

第四节　青年师生思政共育互促的研究成果

近年来,市西青年教师在师生共育互促的历练中,教育教学能力、科研能力等方面都得到了很大的提升,收获了很多成果,不断走向成长成熟和新的发展。而他们自身专业能力的提升也更好地助力学生的成长成才,从而实现师生共同发展、共同进步。

一、青年教师自身专业发展得到了积极的促进

近年来,市西中学青年教师在师生共育互促的推动下,积极探索"双新"实践,专业素养和教学能力得到不断提升,在各类教育教学评比中屡获佳绩。例如,艺术、数学和生物学科青年教师在上海市中小学中青年教师教学比赛中获得 1 个一等奖和 2 个二等奖;数学、英语、生物和艺术学科青年教师在上海基础教育青年教师教学竞赛中获得 3 个三等奖、1 个优秀奖;数学、英语和生物学科青年教师在静安区基础教育青年教师爱岗敬业教学技能竞赛中获得 1 个特等奖、2 个二等奖;政治、物理、地理学科青年教师在静安区教育系统见习教师"新苗奖"中获得 1 个一等奖、1 个二等奖和 1 个三等奖。生物组青年教师的课例 2 次在教育部"基础教育精品课"遴选中入选精品课。有 4 位青年教师在郑州市教育局教学研究室、郑州市第二高级中学联合举办的"双新"国家级示范校建设课堂教学与育人方式改革交流活动中,进行公开课展示,获得好评。政治、生物学科多位青年教师参与上海市空中课堂的录制。还有不少青年教师在教案设计、征文、微课视频、教育案例、说课等各类评比中获得奖项。

在教育科研方面,青年教师们在"双新"实践的基础上,不断总结经验,开展教学研究,取得丰硕成果。有 8 位青年教师申报静安区青年课题并完成结题,在区青年课题研究成果评比中获得 4 个二等奖、4 个三等奖。

二、青年教师指导学生在各类竞赛中取得佳绩

青年教师在自身专业不断成长的同时,悉心指导学生参加各级各类竞赛,取得佳绩。例如,政治学科青年教师指导学生参加第十一届全国青少年模拟政协(提案)展示活动,共有 5 位学生获奖;指导学生参加第二十一届上海市中学生时政大赛,共有 12 位学生获奖,学校获得团体金奖。语文学科青年教师指导学生参加第二十三届上海市古诗文大赛,共有 3 位学生获奖;指导学生参加第十九届中国中学生作文大赛"恒源祥文学之星"上海赛区比赛,共有 11 位学生获奖。英语学科青年教师指导学生参加第二十届"外研社杯"全国中学生外语素养大赛,共有 17 位学生获奖;指导学生参加第二十届"外研社杯"全国中学生外语素养大赛全国总决赛,共有 17 位学生获奖。数学学科青年教师指导学生参加 2024 年全美

数学竞赛,共有 7 位学生获奖;指导学生参加 2024 年上海市高二数学竞赛,共有 9 位学生获奖。物理学科青年教师指导学生参加 2024 年上海市青少年物理实验竞赛,共有 5 位学生获奖;化学学科青年教师指导学生参加 2024 年上海市青少年化学与技能竞赛,共有 17 位学生获奖;地理学科青年教师指导学生参加第十七届"地球小博士"全国地理科普知识竞赛,共有 18 位学生获奖;生物学科青年教师指导学生参加 2024 年全国中学生生物学联赛,共有 8 位学生获奖;青年们还发挥课题研究特长,指导学生参加各类科创大赛,例如,21 位学生在第 39 届上海市青少年科技创新大赛青少年科技创新成果板块中获奖、8 位学生在第二十五届上海市中小学生壳牌美境行动设计方案(高中组)中获奖、24 位学生在上海中学生 2023 年"进馆有益"征文中获奖、17 位学生在 2024 年高中生创新能力大赛中获奖……学生们在青年教师的指导下,在各级各类比赛中取得好成绩的同时,许多青年教师们也被评为优秀指导教师。

三、青年师生思政共育互促研究的成果与辐射

在青年师生思政共育互促的实践过程中,课题组成员边思考、边研究、边总结,积极对外辐射,并在辐射中促进再思考、再研究,产生了积极的影响。

课题组成员在实践过程中,不断反思和总结,撰写案例或论文,在各类评比中获奖。

- 2020.12 方秀红老师撰写的《建构高中青年师生思政共育互促机制》在"信息化时代的德育创新发展"第三届长三角中小学德育创新论坛中被评为"优秀案例"。

- 2021.06 方秀红老师撰写的《探索推进高中青年师生思想政治共育互促》获上海市普教系统第十六届(2019—2020 年)优秀党建论文评选三等奖,该文也被收编入上海教育出版社出版的《上海市普教系统庆祝建党 100 周年百篇优秀文集》一书中。

- 2022.08 方秀红老师撰写的《思政课程与课程思政协同,思辨提升与实践感悟并进——把党史学习教育贯穿立德树人全过程的实践探索》获上海市普教系统第十七届(2020—2021)优秀党建论文评选二等奖。

- 2023.12 方秀红老师撰写的《大德育整合资源　家校社协同育人——上海市市西中学德育实施创新案例》在"承继与嬗变:新时代学校德育新实践"第六届长三角地区中小学德育创新论坛中被评为"优秀案例"。

- 2024.01 方秀红老师撰写的《新时期中小学党组织领导德育和教职工思想政治工作的认识与实践》在"努力为中国式现代化提供坚强组织保证"征文活动中获得"优秀奖"。
- 2023.09 杨靖华老师的论文《思维广场教学中主题讨论的设计与优化——以地理学科为例》在第四届"经纬杯"全国地理教学研究成果大赛中荣获论文类二等奖。
- 王璐老师撰写的《打造青年党校"立体课堂",培养可堪大任的时代新人》荣获 2023 年度静安区社会主义核心价值观教育案例征集活动三等奖,课题《党、团、队链条衔接贯通的内涵与机制研究》获得 2022 年上海"共青团调研奖"一等奖。

课题组老师撰写论文发表在教育相关刊物上,进一步扩大了影响力。

- 方秀红老师撰写的《高中学校德育机制的创新实践探索》发表于《现代教学(思想理论教育)》杂志 2021/20 第 491 期上。
- 方秀红老师撰写的《高中生党章学习教育的价值定位与实施路径——以上海市市西中学实践为例》发表于《现代教学(思想理论教育)》杂志 2021/20 第 491 期上。
- 方秀红老师撰写的《创新思想政治工作,促进青年师生共育》发表于《上海教育》2024/第 10 期/4 月 1 日上。
- 2023 年 9 月杨正来老师撰写的《发挥老一辈特殊作用,助力新一代茁壮成长》思想道德教育论文发表在《陶行知学刊》上。
- 2024 年 4 月杨正来老师撰写的教育论文《珍爱校园的草木与建筑,萌生发展的志趣与理想》发表在《中小学教育》上。
- 2023 年 9 月杨靖华老师撰写的教学论文《"双新"背景下高中地理教学流程再造的实践研究——以"人口合理容量"为例》发表在《陶行知学刊》上。

课题组老师在不同场合积极开设公开课、讲座,进行交流分享,将实践过程中总结的经验进行广泛地辐射,取得良好的反响。

- 2023 年 10 月 19 日杨正来老师开设区级"种下一棵苹果树——学习科学家精神,严谨做好拓展性论文"大思政视域下班级主题教育课。

- 2023年4月11日杨正来老师给来自贵州和广东等地的40多位校长和老师做"市西德育工作室和大思政工作建设及教育教学研究情况"讲座。

- 2023年6月16日杨正来老师给来自贵阳市的20多位校长做"市西中学特色德育品牌活动开展情况介绍"主题讲座。

- 2023年9月19日杨正来老师给贵阳的30多位校长和主任做"市西中学优秀学生群体建设"专题讲座。

- 2023年11月27日杨正来老师给静安区见习教师做了"在德育'案例'撰写中增长育德育人的智慧"专题讲座。

- 2023年12月11日杨正来老师给静安区见习教师做了"教育因交流而增智,分享因真实而精彩"专题讲座。

- 2023年11月杨正来老师代表学校在第十届上海市实验性示范性高中德育管理创新论坛上做了题为"思政课程与课程思政协同　思辨提升与实践感悟并进——上海市市西中学学生思想政治教育的实践探索"交流发言。

- 2024年5月杨正来老师在静安区教育局组织的劳动教育论坛上做了题为"劳模精神进市西,点亮学子匠心梦"的交流发言;杨靖华老师撰写的案例《利用暑期文化游学开展青少年党史学习教育》、王璐老师撰写的论文《"双减"背景下学校与社区协作的新探究——以上海市市西中学青年师生自创"慈善音乐会"项目为例》在静安区共青团工作干部会议上交流,也作为经验总结向来访的外省市兄弟学校的老师介绍分享。

未来展望

  课题组三年多的实践研究充分证明,新时代高中学校将青年教师思想政治工作和学生的思想政治教育紧密联系在一起,并形成青年师生思政共育互促相关长效机制,有着重大意义和积极成效,让青年群体间的青春理想之光辉映形成最大的同心圆,对青年教师的教育使命与责任产生了积极影响,为青年教师更好地履行立德树人教育责任、弘扬践行教育家精神、做新时代大先生创造了更丰富的途径载体和方法,在引领促进青年教师育人意识和育人能力提升中,更好地推进了学生思想政治教育,更好地实现"为党育人,为国育才"要求。所以,展望未来,我们有以下几个方面的思考。

一、切实加强学校党组织对师生思想政治工作的领导

  中国共产党领导是中国特色社会主义最本质的特征。我国"五史"尤其是党史、新中国史、改革开放史都充分启示,坚持中国共产党的领导是中国革命、建设与发展从一个胜利走向又一个胜利的关键保证。2022 年 1 月,中共中央办公厅颁发了《关于中小学校建立党组织领导的校长负责制的意见(试行)》,其核心在于加强党的全面领导,更好地保证中小学校回答好"培养什么人? 怎样培养人? 为谁培养人?"三大教育命题,更好地保证中小学校贯彻落实好"德智体美劳全面发展"教育方针。所以,学校党组织要切实担负起新时代赋予的使命与责任,履行好"把方向、管大局、作决策、抓班子、带队伍、保落实"职责,切实加强对思想政治工作的领导,站在新时代的背景、兴党兴国的

高度,积极思考、创新推进思想政治工作。尤其是高中学校,要正视青年师生间的共性与差异,发挥青年师生思政共育互促的优势,坚持创新推进相关机制的运行和工作的落实,形成"大思政"扎实实践的浓郁氛围。

二、持续推进青年师生思政共育互促的评价研究

虽然在研究建构青年师生思政共育互促激励机制的过程中,包含一定的评价成分,但激励与评价毕竟还是两回事。建立科学的评价,相对来讲是很难的,尤其青年师生思政共育互促是新事物,如何评价就更难了。所以,本课题在研究过程中鲜有涉及。但从青年师生思政共育互促的完整性、科学性和实效性上看,评价还是需要面对的,需要今后展开研究的。

(一)评价主要类型

我们认为,青年师生思政共育互促的评价,从评价内容上应该包含"共育"活动的评价、青年学生参与情况的评价、青年教师参与情况的评价和青年师生尤其青年教师的发展状况评价;从评价方法上看,主要应该是过程性的成长评价,再加上注重过程的发展性评价。

(二)评价方法工具

我们认为,评价的目的是指引青年师生成长发展,以评促建,进一步推进青年师生思政共育互促。所以,在开发评价工具时,应从实际出发,研究合适的评价方法与工具。例如,评价青年师生参与思政"共育"活动情况,可以采用"过程性档案袋"评价方法与工具;评价"共育"活动情况,可以开发简洁"问卷"和个别访谈进行及时了解与反馈。而评价青年教师思政发展状况,则需要综合开发运用"自评"与"互评"量表以及突出的案例法,等等。

当然,不管是采用哪一类型的评价,运用哪一种评价方法与工具,最终的目的都是发挥好评价的导向和激励作用,更好地促进青年师生思想共育互促的开展,促进青年师生不断增强"四个自信",做有理想、有本领、有担当的新时代好青年。

总之,"五史"的学习教育还在延续,青年师生在"五史"学习过程中的共育互促研究还可以继续深化,不断提升青年师生思想政治素养水平,使青年人成为中国特色社会主义的坚定信仰者、拥护者、捍卫者和实践者、建设者,是所有学校教育的使命与责任。

参考文献

［1］党的二十大报告,学习强国平台,2022-10-16.

［2］中共中央国务院关于全面深化新时代教师队伍建设改革的意见,中华人民共和国中央人民政府,2018-01-20.

［3］刘斌.高校青年教师思想政治教育工作实效性探微[J].武汉理工大学学报(社会科学版),2015,28(05):1001-1007.

［4］王健.增强高校青年教师思想政治教育实效性的探讨[J].福建工程学院学报,2005(02):116-120.

［5］楚国清.以社会主义核心价值体系为统领 加强和改进高校意识形态工作[J].北京教育(德育),2013(09):15-18.

［6］江英飒.构建青年教师与大学生"共育"思政工作模式[J].中国高等教育,2014(11):45-47.

［7］GERGEN K J. The Saturated Self: Dilemmas of Identity in Contemporary Life [M]. New York, NY: Basic Books, 1991.

［8］LAVE J, WENGER E. Situated Learning: Legitimate Peripheral Participation [M]. New York, NY: Cambridge University Press, 1991.

［9］WENGER E. Communities of Practice: Learning, Meaning and Identity [M]. Cambridge, MA: Cambridge University Press, 1998.

[10] 帕克·帕尔默.教学勇气——漫步教师心灵[M].吴国珍,余巍,等译.上海:华东师范大学出版社,2005.

[11] 周燕,张洁.外语教师认知方式及需求研究:基于一项暑期研修班的个案调查[J].外语与外语教学,2012(01):6-10.

[12] 童玉英.站好讲台是高校青年教师成长的必经之路[J].高等函授学报,2010(05):39-41.

[13] 陈萍芳.浅谈青年教师与中学生的心理相容[J].萍乡高等专科学校学报,1997(01):2.

[14] 郑日金,徐军.论高校青年师生"相近性效应"[J].上饶师专学报,1996(05):62-66.

[15] 邓倩,杨玲玲,张慧成,等.在英语教学中探索独立院校青年教师与学生的共同发展[J].才智,2013(21):93.

[16] 王晓娟.我国师生情感互动研究现状及其展望[J].上海师范大学学报(哲学社会科学·基础教育版),2004,33(01):116-120.

[17] 李新军,杨立红.党史学习教育中师生心理相容探析[J].呼伦贝尔学院学报,2022,30(01):17-20.

后　记

这本书的诞生首先源于上海市教育科学研究项目的研究。2020年9月，在市西中学一贯坚持育德为先，形成浓郁的德育氛围和扎实的德育实践，以及学校党建高度重视引领德育发展和师资队伍建设的基础上，我积极领衔酝酿申报"以'四史'学习教育为抓手，建构高中青年师生思政共育互促机制的实践研究"课题，成功立项为2021年度上海市教育科学研究项目，并在中期论证时融入了"中华民族发展史"学习教育，课题中的"四史"改为"五史"，在实践中将"五史"学习教育贯穿学校立德树人全过程，积极探索青年师生思政共育互促的有效机制。

这本书的诞生还要感谢课题研究过程中专家的悉心指导，如在课题中期评估时，得到了上海市教师教育学院党委书记周增为，同济大学附属第一中学特级校长、正高级教师张哲人，徐汇区业余大学特级校长（书记）、正高级教师陈宏观，虹口区教育学院副院长赵军山，松江区教育学院德育室主任、特级教师、正高级教师王洪明等专家的中肯评价和专业指导，使课题研究更趋完善和优化。特别要感谢周增为书记，在中期论证时，对本课题研究的价值意义和青年师生"共育"的创新给予了高度的评价，并对研究成果寄予积极的期待，一句"期待下一次教学成果评选时能见到这个课题的研究成果"，给了我们课题组极大的鼓舞、动力和信心。感谢结项评审中专家的充分肯定，本课题结题报告获得"良好"的鉴定。也感谢静安区教育学院科研室王俊山主任、杜兴义副主任在课题研究过程中的大力支持和指导。

这本书的诞生还要感谢课题组成员的同心协力。感谢董君武校长对课题研究整体架构的指导和对出书的积极鼓励与支持。感谢杨正来老师、王璐老师、章润发老师,不仅在课题研究过程中智慧投入、积极践行和参与结题报告撰写,在本书撰写过程中,也积极承担了一些章节的优化,杨正来老师主要负责第三章第四节和第四章第三节,王璐老师主要负责第三章第三节和第四章第二节,章润发老师主要负责第四章第一节。

最后,还要感谢静安区教育局,出台了《静安区教育科研成果出版资助办法(试行)》,给本书出版提供了有力的经费支持。

当然,出版此书最重要的想法是分享,在分享中进一步增强落实大思政教育的使命感和责任感,进一步激发新时代背景下教育工作创新推进的勇气,进一步撬动全社会关注支持育人方式的转变。为党育人、为国育才,不单是口号,更是行动,不单是学校的责任,更是校家社协同才能实现的。